本学术专著获华北电力大学中央高校基本科研业务费面上项

经管文库·经济类

前沿·学术·经典

金融化视角下金融与实体经济
平衡发展及良性循环研究

RESEARCH ON THE BALANCED
DEVELOPMENT AND VIRTUOUS CYCLE OF
FINANCE AND REAL ECONOMY FROM THE
PERSPECTIVE OF FINANCIALIZATION

任羽菲 著

经济管理出版社
ECONOMY & MANAGEMENT PUBLISHING HOUSE

图书在版编目（CIP）数据

金融化视角下金融与实体经济平衡发展及良性循环研究/任羽菲著．—北京：经济管理出版社，2022.12
ISBN 978-7-5096-8860-1

Ⅰ.①金…　Ⅱ.①任…　Ⅲ.①金融体系—研究—中国 ②中国经济—经济发展—研究
Ⅳ.①F832.1 ②F124

中国版本图书馆 CIP 数据核字（2022）第 250150 号

组稿编辑：赵天宇
责任编辑：赵天宇
责任印制：黄章平
责任校对：蔡晓臻

出版发行：经济管理出版社
　　　　　（北京市海淀区北蜂窝 8 号中雅大厦 A 座 11 层　100038）
网　　　址：www.E-mp.com.cn
电　　　话：（010）51915602
印　　　刷：唐山玺诚印务有限公司
经　　　销：新华书店
开　　　本：720mm×1000mm/16
印　　　张：10.75
字　　　数：163 千字
版　　　次：2022 年 12 月第 1 版　　2022 年 12 月第 1 次印刷
书　　　号：ISBN 978-7-5096-8860-1
定　　　价：88.00 元

前　言

　　自我国经济进入"新常态"以来，由于国内人口红利下降、实体企业生产成本提高等，使实体企业生产利润下降，资本积累增长率下滑。在此背景下，资本由于其具有趋利性，会阶段性地倾向于聚集并停滞在资本市场、房地产市场等部门，导致制造业等实体经济部门获取金融资源困难，或将自身融得的资金进一步投向金融市场和房地产市场，使金融资源在金融体系和房地产市场内部循环，难以形成对实体经济发展的有效支持。尤其是2015~2018年，在宽松的货币金融政策之下，实体经济缺血的困境并未得到有效缓解，金融资源反而更多地被房地产企业、投资公司等获取，致使股票市场、房地产市场产生虚假繁荣，金融与实体经济发展呈现失衡现象。尽管经济主体通过多种形式参与金融投资有利于金融业和实体经济间的互动，但过度金融化也可能导致风险在金融部门与实体经济部门之间交叉传递和放大，甚至产生实体产业"空心化"现象。在全球经济金融化的大背景下，近年来学界和业界对于金融与实体经济平衡发展及良性循环这一议题高度关注，理解二者发展失衡背后的多层面成因、可能引发的风险，探讨如何平衡金融与实体经济的发展、更好地发挥金融服务实体经济的根本职能，其背后隐含着深层次的中国经济增长模式转型升级过程中需要平衡的主要矛盾，是当前和今后应当关注的重大问题，有必要进行深入研究。

　　本书按照经济金融化的现状分析—实体经济金融化可能的成因—可能导致的风险—引导金融资本回归实体经济的逻辑顺序对这一问题进行了系统的理论分析与实证研究。本书的第一章为导论，简要阐释了本书的研究背景、理论与现实意义，并对本书在经济金融化相关领域作出的边际贡献及研究的不足之处进行了梳理。第二章从虚拟经济与实体经济平衡发展这一角度入手，梳理了国内外关于虚拟经济的内涵与定义、实体经济金融化的成因及风险以及平衡金融与实体经济发展的相关研究，总结了前人在度量经济金融化程度、经济金融化的原因与风险中采用的方法和获得的结论。第三章通过对居民部门、实体经济企业部门及金融部门资金流向进行分析，较为系统地描述和度量了实体经济金融化与金融支持实体经济的具体现状。对资金经居民部门在消费性支出、金融资产购置和房屋资产购置之间的分配，经实体经济企业部门在生产资本积累与投机性金融资产持有之间的分配、经金融中介在实体经济企业部门和金融部门之间的分配进行分析。第四章从实体企业参与金融投资的动机层面、金融与实体产业的经营环境层面，以及宏观金融层面分别分析了实体企业金融化的成因。实体企业参与金融投资方面，在其他条件不变的情况下，如果经营成本上升，则盈利下降，实体企业为了应对盈利下降，就会选择资产金融化，转向投资房地产或金融。金融与实体产业的经营环境层面，由于金融资源的地区分布存在一定的扭曲，导致地区金融与实体经济发展呈现不完全匹配的失衡现象；而实体企业相对于金融业，经营负担也较重。宏观金融层面，资产价格波动和流动性陷阱风险的出现使资金脱离实体经济部门、进入金融部门内部循环的机制自我强化。第五章针对实体企业过度金融化可能产生的资本积累风险和流动性风险进行了分析，对金融与实体经济发展失衡可能导致的后果进行了研究。首先，从资本积累风险的角度研究金融发展与工业企业资本形成之间的关系，以制造业规模以上企业的资本形成作为被解释变量，金融发展程度等作为解释变量建立了回归方程，实证检验了金融发展水平与资本形成可能存在的倒"U"形关系，即当金融发展规模超过某一阈值时，金融对实体企业资本的形成不再起到加速作用，反而引起金融资源错配，对实体企业资本的形成产生抑制作用。其次，为考察经济金融化的流动性风险，对 Fisher 方程进行改进，根据改进模型分别测算出了实体经济部门与金融部门的流动性水平，将这两个变量与股票价格、产品价格指数共同建立 VAR 模型与协整方程，通过脉冲响应函数与协整方程估计结果、Granger 因果关系检验等方法考察了金融化程度、流动性变化与通胀水平变化之间的关系。结果表明实体经济中通货膨胀是一种货币现象，经济中货币流动性对资产价格的冲击不存在滞后效应，资产价格将先于物价水平产生变动。当流动性货币过多流入金融市场，可能造成短期内实体经济中流动性水平相对下降，金融资产价格相对商品价格更快上涨；但长期则导致价格水平普遍上升，引发通货膨胀风险。第六章则在全书研究基础上，以促进资金回归服务实体经济为目的，本着风险防范、稳健发展的理念，有针对性地从产业政策、财税政策和金融政策三个层面提出引导实体经济和金融平衡发展、促进二者形成良性循环的具体可行的政策建议。

本书的内容基于作者博士期间的研究成果修改而来，多处写作和修改参考了作者的导师李金华老师、博士论文答辩委员会沈艳老师等专家学者的意见，感谢老师们严谨的学术态度帮助作者不断修正研究。感谢我的研究生孙府在研究过程中所做的资料收集和整理工作。本书的写作过程中受到多位领导、同事的帮助支持，在此不一一列举，但要深表谢意。感谢在本书写作过程中提供重要支持的肖汉雄、肖维祯、孙仁玲等。

本书得以顺利付梓还要感谢华北电力大学中央高校基本科研业务费面上项目（2021MS021）的资助，以及经济管理出版社编辑耐心细致的工作。

目　录

第一章

导　论

经济金融化主要是指经济体中资金实体经济部门大量流向金融部门的一种资源错配现象。其中,实体经济部门主要是指产品和服务的生产性企业,如农业、工业、交通业、建筑业、文化卫生行业等;虚拟经济部门则是相对实体经济而言的概念,研究普遍认为虚拟经济是一种价格体系,在市场经济发展过程中形成,以资本化定价为基础,主要包括证券金融行业等。近年来,金融这一虚拟经济部门增加值在经济总体中的占比持续上升,全社会固定资产中的民间固定资产投资下滑,非金融企业银行贷款增速下降,但金融机构(包括银行同业)信贷增速持续增加,这些现象均表明金融业服务实体经济存在一定的不平衡、不充分现象,并且在宽货币时期,金融资源流向实体经济也存在一定的梗阻现象,二者之间的良性循环过程亟待进一步畅通。基于此,本书拟从经济金融化这一角度出发,对金融发展偏离服务实体经济的根本目的、金融与实体经济发展不平衡、实体经济金融化等矛盾的成因、风险和治理对策进行研究。本章首先介绍了金融与实体经济发展不平衡的背景,由此提出本书的研究意义:为引导资金"脱虚向实"、促进实体企业发展振兴和去除资产价格泡沫、防控系统性金融风险提供理论参考。其次介绍了本书写作的展开逻辑、研究过程中用到的计量方法与本书的结构安排,并给出了本书的创新与不足之处。

第一节 研究背景

"脱实向虚"是近年来中央经常提到的经济中存在的重要结构性问题,其主要的表现包括以下几方面:经济中资金由实体经济部门,如第一、第二产业流向虚拟经济甚至泡沫经济部门,如金融业和存在泡沫较为严重的房地产业,从而引发实体经济部门资金缺乏,甚至"缺血"情况。"脱实向虚"现象的本质是实体产业金融化,或可称之为产业空心化。"脱实向虚"现象的产生,对近年来中国经济整体发展产生了一些不良影响,如加速金融体系和房地产市场泡沫的形成,对实体经济投资产生"挤出效应"等。

"脱实向虚"表现在流动性总量与资产价格增长方面，货币量整体增速较快，但 GDP 增速、工业总产值等反映实体经济部门增长的指标未有明显增长，甚至下滑。近年来，我国广义货币供应量（M2）口径货币总量保持较快增长，2015 年以来虽有所下降，但增长率仍保持在 8% 以上。2022 年 3 月，M2 同比增长 9.7%，市场与学术界关于"宽货币""货币超发"等讨论始终不绝于耳。但与此同时，自经济进入"新常态"以来，经济增速逐渐放缓，2022 年一季度 GDP 同比增长 4.8%，货币增长与经济增长速度差距始终较大，表明经济中的货币资金未能切实高效地投入服务实体经济增长中。表现在金融资产方面，社会整体金融资产总量扩张，但金融资产的投资效率并未出现规模效应的增长，反而有所下滑；表现在资产价格方面，投资性资产价格增长在新冠肺炎疫情暴发之前始终较快，尤其是中央提出"房住不炒"政策以前，虽伴有价格上升的结构性不均衡问题，但全国商品房销售平均价格仍不断上涨，2016 年后，资本市场也多次出现阶段性繁荣，但 2021 年 12 月的生产价格指数（PPI）相比上年同期上升了 10.3%，同时消费者价格指数（CPI）保持稳定，生产性企业盈利空间受到挤压。从信贷资金的流向来看，根据 BIS 数据，2021 年我国非金融企业杠杆率下降了 7.5 个百分点，从 2020 年末的 162.3% 下降至 154.8%，但居民部门杠杆率受住房贷款增长影响仍不断攀升，住房贷款与房地产开发贷款之和占全部银行贷款余额的 1/4 以上。"脱实向虚"这一现象不仅对实体经济投资造成挤出，影响实体经济的发展，也使金融行业背离了服务实体经济的初衷。

从实体企业方面来看，进入经济"新常态"后，实体企业的各项成本均有所上升，包括由于人口红利下降带来的劳动力成本上升，以及其他方面如土地成本、体制成本等上升，主营业务带来的利润由此下降。分所有制来看，在经济下行、成本上升、利润空间受到挤压的压力下，民营企业通常选择转移一部分资金投入金融资产，金融资产获利快、利润高，但风险相应更高。而国有企业则由于借贷相对容易，纷纷选择加杠杆。我国国有企业杠杆率在 2015 年之后的"去杠杆""稳杠杆"政策下有了显著下降，但企业部门仍然面临着国有企业与民营企业负债率不对称的问题，国有企业的杠杆率远高于民营企业。尤其是在经济下行时期，企业的资产增长低于负债的增长，资产负债率自然上升，同时为了避免经济增速下降，国有企业通常成为逆周期调节和"保增长"的主要载体，银行信贷"开闸放水"助推国有企业债务率高企。分行业投资来看，2012~2020年，制造业投资增速连年下降，年均增速只有8.5%。2015年以后，制造业投资增速降到10%以下，2017年，制造业投资增速以及民间投资增速均低位运行，2019年增速只有3.1%，2020年受新冠肺炎疫情影响，更是出现了投资绝对额下降的情况。与此同时，金融行业投资规模增长十分迅速，比如资产管理平台自出现，短短几年资产规模由不足18万亿元迅速增长到100万亿元以上，社会资金发生了由实体生产部门向金融和房地产部门的转移。不仅规模增长迅猛，从利润来看，金融投资的利润也远高于实体企业生产业务的利润。根据上市银行公布的财报测算，2021年上半年41家上市银行的营收总额达29115.4亿元，对应的净利润达9772亿元，营业净利润率达33.56%，而同期规模以上工业企业实现营业收入为694769.5亿元，利润总额为49239.5亿元，总体营业利润率只有7.09%。

从货币金融层面看，就货币供应量而言，我国M2/GDP自1990年以来呈不断上涨趋势，通常认为该指标反映经济金融化程度。根据经验，在经济货币化进程中速度过快，可能埋下诸多隐患，如经济领域泡沫资产存在、运营效率低及落后产能过多、贫富差距扩大、房价与物价调控陷入两难、经济体制结构改革阵痛等。从金融业在经济整体中占的比例来看，金融资产的增长速度高于经济中实物资产的增长速度，也高于经济整体增长速度。中国金融业占GDP比重1996~2002年在5%左右，2003~2006年接近4%，2007年以来不断走高至2015年的8.4%。从2005年4%的低点至2015年8.4%的高点，在这11年里，我国的金融业增加值占比翻了一番。8.4%的数值既高于《金融业发展和改革"十二五"规划》中设定的5%的目标值，也高于英国、美国等发达国家，2015年英国和美国金融业增加值占GDP的比重均在7%左右。还有一个衡量经济金融化程度的指标是各种金融资产如股票、债券等，以及各类实体资产如土地资产等，二者之间的关系及增长趋势。根据中国社会科学院国家金融与发展实验室的数据①，全国非金融资产 2000~2005 年年均增量 105453 亿元，2005~2010 年年均增量 253525 亿元，翻了一倍多；净金融资产 2000~2005 年年均增量 4985 亿元，2005~2010 年年均增量为 19209 亿元，提高近三倍。净金融资产在这一阶段的增速远高于非金融资产。从资金流量贡献比例来看（非金融资产的资金流量贡献即总储蓄中的资本形成总额；净金融资产的资金流量贡献来自各部门的净金融投资），非金融资产 2000~2005 年资金流量贡献比例为 55%，2005~2010 年仍为 55%，2011~2015 年上升至 83%；而净金融资产的资金流量贡献比例从 2000~2005 年的 110% 迅速上升至 2011~2015 年的 700%。净金融资产的增速远高于实体资产规模增速，二者的差距逐步拉大。金融资产规模的迅速增长，一定程度上反映出全社会的债权债务关系还在深化。

从实体与金融产业的经营环境来看，经济快速发展阶段，在 GDP 增速目标导向下，全国各省级地方政府竞相建立国际和国内金融中心，包括各地区金融中心。由于金融行业收益获得速度快，对于 GDP 的增长和税收的增长贡献明显的同时，并不会给当地造成明显的资源、环境方面的负面影响，因此受到的发展约束相对更宽松，扩张速度较快。另外，我国制造业等实体企业的增值税实际税负仍远高于金融等服务业，即使是 2019 年增值税改革大幅下调税率后，制造业仍适用 13% 的销项税率，较服务业高 7%，一定程度上影响了实体企业主营业务的盈利能力。

由以上分析可知，要想真正了解"脱实向虚"现象的成因，必须从实体企业、货币金融和经营环境三个层次入手，深刻梳理资金流向，挖掘现象背后的深层次原因。实体经济和金融共同构成经济整体，二者应当是互相支持和成就的，金融的本质要求应是为实体经济服务的，金融健康发展将促进实体经济的健康增长。

关于实体企业金融化现象的成因，有以下几个主流的观点：一是实体投资的回报率低于金融资产投资的回报率。投资性资产，如房地产、股票资产等，资产价格升高，与此同时实物生产市场萎缩，导致对实体经济领域的投资流向金融、房地产等部门。一方面，房地产市场泡沫不断出现，在资产荒存在的背景下，可投资的资

---

① 李扬，张晓晶，常欣等．中国国家资产负债表 2018 ［M］．北京：中国社会科学出版社，2018．

产有限，增值迅速地房地产成为各类资金追逐的对象，"炒房"行为的出现更增加了房地产价格的泡沫风险。尽管房地产行业不能简单归为"虚"，房地产的投资属性在"房住不炒"政策下也有所弱化，但地产行业产业链较长，对资本的虹吸效应及蓄水池效应明显，仍表现出较强的投资品属性，因此本书在讨论"实体"与"虚拟"经济概念界定时，将房地产行业归类为拥有"实体"与"虚拟"双重属性的行业。另一方面，实体经济投资收益率下降也是事实，企业的劳动力成本、土地和环保、制度成本等不断上升，盈利能力大幅度下滑，导致以传统制造业为代表的实体经济生产企业难以为继，必须进行金融投资以维持生存。

此外，实体经济企业在转型过程中遇到诸多困难，自主创新的动力受损，导致实体企业的资金缺少能够长期盈利的投资方向，只能另谋出路。实体经济与虚拟经济之间的传导出现阻滞，资金循环的链条拉长，使虚拟经济不能有效地对实体经济支持，真正需要资金的企业仍然存在融资难、融资贵的情况。能够反映这一现象的指标首先是间接融资比：当经济增速下滑时，银行业防控信贷违约风险的压力增加，对中小企业的贷款政策收紧，使本就面临销售不畅、资金周转不畅的中小企业融资困难进一步加重。其次是资金在虚拟经济内部空转现象严重，导致资金循环链条拉长，无法流入实体经济。资金在房地产部门和股票等证券市场循环流转，未能投入实体经济的生产过程，形成了资金空转的现象。其中大型企业获得信贷资金相对更容易，获得信贷资金后，通过委托理财和信托产品等方式以较高的利息将资金转移到缺血的企业，并进行套利活动，使融资链条进一步拉长。再次是在转型过程中，依然有许多"僵尸"企业和低效率企业未能被及时整改，这些企业的规模较大，占用资金量也大，部分社会资金囿于低效率企业内周转，挤占了正常企业的资金，使其投融资成本上升。由于中国实体企业转型升级尚未完成，行业内仍然存在很多"僵尸"企业和对市场价格及贷款利率不够敏感的企业，影响了信贷资金的市场配置。根据国家统计局数据，正常效率的企业平均资产负债率为51%，而规模以上"僵尸"企业的平均资产负债率则达到72%，如能完成对这部分企业的转型升级，全国企业的平均资产负债率将会大幅降低①。

另外，非金融企业的资产投资降低。实体企业金融化现象带来了企业部门的流动性陷阱，即企业部门即使获得资金也不愿投到生产投资中，货币投放无法拉动 GDP 快速增长，而是投到虚拟经济部门中形成资金空转。首先是企业投资的内生动力不足。当经济形势不够明朗、经济对未来预期判断不明确时，企业获得资金后不能立即做出投资决策，而是偏向于暂时观望，此时资金便淤积在企业账面。企业之所以投资动力不足，根本原因还是实业生产各项成本偏高，生产投资的回报率不断下降，实体经济部门的企业面临着利润低和成本高的问题，生产性投资困难重重。其次是实体企业的投资前景不明朗。目前经济增速下滑，很多企业选择不去做生产性长线投资，而是进行金融投资等短线投资，以度过经济预期不确定性较高的阶段。最后是金融监管对金融创新的规范仍然有待加强。

金融行业产品更新换代迅速，相比之下监管的格局较为落后。近年来，金融科技发展迅速，网贷平台和合作性金融产品的创新速度非常快，过度创新的情况也时有发生，对监管带来了很大挑战。很多金融创新产品处于监管的真空地带，互联网金融领域风险高，在混业经营趋势越来越显著的背景下，金融领域、科技领域等相互融合，金融领域的风险有向其他领域扩散的趋势。互联网金融的业务相对延展性更高，深入经济不发达地区，引发系统性风险的可能更高，产品的复杂程度高，产品之间的关联性也更强，整个行业存在相对更高的风险传染性。除此之外，平台经济等新行业的发展带来技术的革新，导致监管机构难以及时调整，风险更加隐蔽，给监管带来了新挑战。

第二节　研究意义

由前文分析可知，中国经济在发展过程中的确存在过度金融化趋势与"脱实

---

① 资料来源：黄益平在 2017·金融四十人年会暨"金融改革发展的稳与进"专题研讨会上的发言。

向虚"的现象，其中"虚"的部分主要体现在资本市场，还有一部分体现在房地产行业。房地产行业虽不能简单定义为虚拟经济部门，但过去很长一段时间过快上涨的价格仍使其承载了大量投机与泡沫。这些具备虚拟属性的部门与金融体系联系尤为紧密，极易引发系统性风险。尤其是经济下行阶段，如2019年包商银行事件反映出一些中小金融机构的无序扩张，2021年恒大集团债务危机所引发的一系列风险事件，均表明虚拟经济部门过度无序发展所带来的系统性风险隐患。过度金融化不仅会使实体经济"缺血"，影响经济发展，也可能引发金融系统的各种风险，并且金融风险难以监测和管控，隐蔽性强，一旦发生，带来的后果往往更加严重，传染范围也更广，因此考虑国内实体经济面临的实际情况，以及国际金融风险高发、传染性强的情况，必须对"脱实向虚"这一情况严格控制，提高警惕。

过度金融化除提高经济面临的金融风险外，还可能影响供给侧结构性改革的进程，导致经济不能健康平稳地发展。金融的本质应该是服务实体经济，金融不仅在现代经济中扮演着重要角色，也是实体经济正常运行的不可或缺的血液。金融领域的活跃程度和实体经济领域的活跃程度呈正相关，二者的稳定程度也几乎一致。要促使金融与实体经济平衡发展、二者之间形成良性循环，必须使金融回归其服务实体经济的本质，坚持推进供给侧结构性改革，以"实"为基础和导向，合理引导资金"脱虚向实"，防止"脱实向虚"现象进一步恶化，催高金融与房地产资产价格，使金融部门和房地产部门出现泡沫化倾向。经济泡沫化一旦出现，参照日本的历史经验，可能会导致经济金融危机的发生。除此之外，金融行业属于理论上的虚拟经济部分，而房地产部门由于其近年来凸显的投资属性，本书将其归类为部分虚拟的经济部门，经济社会向金融和房地产过度倾斜所导致的"脱实向虚"也可能对整个经济的安全性造成影响。虚拟经济中价格体系的运作存在一定的特殊性，"脱实向虚"的发生会引发金融资源错配，虚拟经济部门过度繁荣进一步吸引短期资金，资金无法进入实体经济，对实体经济投资和融资都产生"挤出效应"。

综上所述，关于经济金融化具体特点和程度的度量，资金经居民部门在消费性支出、房屋资产购置、与金融资产购置之间的分配，经实体经济企业部门在生产资本积累与投机性金融资产持有之间的分配、经金融部门如银行等在实体经济部门和金融部门、房地产部门之间的分配；经济"脱实向虚"在实业层面、政府层面和金融层面的深层原因和传导机制；以及经济"脱实向虚"这一现象是否会带来实体企业资本积累"挤出"风险、资产价格泡沫和通货膨胀风险的研究具有重要的警示意义，为下一步引导资金"脱虚向实"、促进金融与实体经济共生共荣、优化全社会金融资源配置提供参考。

第三节　结构安排及创新点

一、逻辑、方法与结构安排

本书将按照"问题的提出—相关理论及文献梳理—现状—原因—风险—解决路径"的结构展开。其中，经济金融化的现状一章将按照居民部门、企业部门和金融部门展开；经济金融化的成因一章将按照实体企业层面、经营环境差异层面、货币金融层面展开；经济过度金融化的风险一章将按照实体企业层面（包括企业的资本积累挤出风险和创新意愿下降风险）和货币层面（通货膨胀风险）展开；促进金融与实体经济良性循环的政策建议一章将按照产业政策方面、财税政策方面和金融政策方面展开。

本书在对实证模型进行估计的过程当中，使用的软件包括 EViews10.0、Matlab R2017b、Give Win2 等，使用了丰富的计量方法，包括面板数据模型、两阶段系统矩估计方法（Two-step System GMM）、Hausman 检验、VAR 模型、Johansen 协整检验、马尔科夫区制转移模型、门限回归模型等。

本书分为七章，第一章为导论，首先介绍了居民部门、企业部门和金融部门金融化趋势的具体背景，由此提出本书的研究意义：为引导资金"脱虚向实"、促进实体企业发展振兴和去除资产价格泡沫、防控系统性金融风险提供理论参考。其次介绍了本书写作的逻辑、研究过程中用到的计量方法与本书的结构，并给出了本书的创新与不足之处。第二章为相关理论与文献综述，分为虚拟经济的内涵、虚拟经济与实体经济关系的相关研究、经济金融化原因的相关研究和经济过度金融化风险的相关研究四个方面。通过对前人理论与实证研究的梳理进一步厘清本书所要研究的问题和研究思路。第三章为经济金融化的现状，通过对居民部门、实体经济企业部门及金融部门资金配置进行分析，较为系统地刻画和度量了经济金融化的具体特点和程度。对资金经居民部门在消费性支出、金融资产购置和房屋资产购置之间的分配，经实体经济企业部门在生产资本积累与投机性金融资产持有之间的分配、经金融部门如银行等在实体经济部门和金融部门、房地产部门之间的分配进行分析，给出了中国经济目前金融化的特点、程度等现状。第四章为经济金融化的成因，本章从实体企业层面、经营环境差异层面和金融层面分析了经济"脱实向虚"的原因。其中实体企业层面从微观角度研究了非金融企业投资金融市场从而造成对实体经济的"挤出"现象。经营环境差异层面则从地区金融资源分布与实体产业和金融产业面临的税收负担差异两个角度进行了研究。金融层面从货币增速剪刀差与资产价格相互作用的机制出发，试图对经济整体出现金融化，甚至"脱实向虚"现象的成因进行理论解释与实证分析。第五章为经济过度金融化的风险，本章从经济金融化对企业的影响（包括对实体企业资本形成的影响和对实体企业创新行为的影响两个方面）、经济过度金融化的通货膨胀风险两个角度进行了实证研究，给出了过度金融化对经济整体可能产生的风险、风险的程度和出现的时点、持续期等。第六章为促进金融与实体经济良性循环的政策建议，将针对前文的产业政策、财税政策和金融政策三个层面，基于前文理论与实证分析的结论，有针对性地提出引导实体经济与金融平衡发展、促进二者形成良性循环的具体可行的政策建议。第七章为研究结论及后续研究，对全书得到的结论进行梳理和总结。

二、创新与不足

1. 内容的创新

（1）剖析问题的结构方面，本书创新性地按照实体企业金融化、金融资源分布和税收负担、货币金融传导机制三个层面对经济金融化的原因及风险进行分析，更为全面系统地对经济金融化、"脱实向虚"现象进行深入研究。

（2）关于经济金融化的现状，不同于以往文献单纯地使用某个指标刻画金融化的程度，而是对居民部门、企业部门、金融部门的资金流向做了具体分析，直观地描绘了经济整体金融化的整体情况。

（3）关于经济金融化的成因，实体企业方面，本书提出了企业资金配置的两个可能的动机，即预防和储备动机及追逐高回报率的替代性动机，并针对这两种假设建立实证模型进行检验，而非仅仅将两类资产的收益率进行比较；经营环境方面提出了地方金融资源的分布可能受到政策引导的影响，而金融发展与地区经济增长并非完全正相关，这是以往研究中比较少见的；金融方面通过货币增速剪刀差与资产价格相互作用的非线性特征而非直接检验货币政策有效性来讨论存在金融化现象时，经济中流动性陷阱风险的存在性。

（4）关于经济过度金融化的风险，研究该问题的文献较少，本书提出了经济过度金融化可能引起的实体企业资本积累不足风险、实体企业创新动力受损风险、通货膨胀风险等，并对这些风险的传导机制进行了理论说明和实证检验，从实证角度对该方面研究进行了有益补充。

2. 方法的创新

本书针对数据样本特征的不同选用了更贴合数据特点的计量模型，使结果更符合实际，并采用了多种稳健性检验方法，使得到的实证结论更加可靠。如在研究经济金融化的货币金融层面原因时，考虑了作用机制的非对称性，采用马尔科夫区制转移和门限回归方法识别资产价格与货币增速剪刀差相互作用的非线性特征与资金"脱实向虚"现象的关联。

3. 不足之处

由于研究时间和作者能力的限制，本书也存在一定的不足。如对房地产行业"虚"与"实"成分的量化尚未完成；第四章和第五章的实证部分，研究样本主要选择了实体经济中较有代表性的制造业企业，研究结果的稳健性和全面性有所欠缺；另外本书缺少产业层面的细分研究，笔者将在后续的研究中予以补充。

第二章

相关理论与文献综述

关于经济金融化的研究，本书从虚拟经济内涵这一理论渊源入手，梳理了包括虚拟经济内涵、虚拟经济与实体经济相互作用的研究和经济金融化的成因、风险的相关研究。国内相关文献更多地讨论了两个经济部门之间具体的联系、运行特点以及相互影响的程度，对于可能产生的风险研究相对较少。国外相关研究则侧重于微观上二者收益率、成本的对比分析。

第一节　虚拟经济的内涵

虚拟经济这一概念最初由马克思提出，马克思在《资本论》中首次采用了虚拟资本的提法，表示包含证券资产，如股票、债券等在内的金融资产，其实质上是由银行信用制度衍生出来的。虚拟资本具有交易属性，也可以作为投资的资本来实现自身的增值，却不包含实际价值。作为资本，其对应的生产性资本已经通过投资过程投入生产活动，但虚拟资本仍然可以作为被交易的资产来流通。Hilferding 对于虚拟经济的内涵与外延做出了进一步的界定与说明，在马克思的后续又提出了金融资本这一概念。[①] 他认为，金融资本依附于其投资的实体公司，如股票随发行公司价值的增加而增值，在产业资本垄断的顶峰时期，金融资本的价值也达到顶峰，此时金融资本建立于信用经济上，成为经济体中不可或缺的一部分。虚拟经济则形成于虚拟资产的交易中，当信用经济进一步发展时，虚拟经济随之发展繁荣。国内文献在进行翻译时，常被翻译作"虚拟经济"的英文词语有 Virtual Economy、Visual Economy 以及 Fictitious Economy，然而这三个词组的概念并不完全相同。Virtual Economy 属于一种经济活动的范畴，是指在虚拟的空间，如互联网上采用信息技术来实现的经济活动；Visual Economy 指的是可视化经济活动，指由计算机模拟得到可视过程；Fictitious Economy 更为符合国内所说的虚拟经济概念，指代金融交易活动，包括股票交易、债券交易、衍生品交易等。

---

① 鲁道夫·希法亭. 金融资本［M］. 北京，商务印书馆，1999：253.

刘骏民（1998）是国内最早提出虚拟经济和实体经济区分概念的学者之一，他指出，虚拟经济的范畴分为狭义范畴和广义范畴。其中广义范畴可以指代除了物质生产活动以及由物质生产活动引起的各种劳动事务以外的全部经济活动，更接近于包含服务行业的概念；金融行业与房地产行业两个部门构成了虚拟经济的狭义概念。他认为"脱实向虚"这一现象最根本的成因在于经济中虚拟资本的过度膨胀，中国虚拟经济的构成主要包含了金融部门虚拟资本的过度增长部分与房地产行业的泡沫部分。刘骏民还认为，经济体中非实体的部分即可被叫作虚拟经济。自提出虚拟经济的定义和内涵后，国内学者在此基础上进行了更加深入系统的研究，如成思危（1999，2003a）[①] 提出，虚拟经济可以定义为一种钱生钱的经济活动，这类活动主要依托于金融系统的交易循环，更加系统明确了虚拟经济的定义，并认为虚拟经济的概念、结构及演化过程，均与实体经济相对应，并总结了虚拟经济的发展阶段以及每个阶段的特征。秦晓（2000）则认为，虚拟经济包括金融资产的交易活动以及一切与实体经济活动无关的经济活动，而实体经济则是指对实物商品的生产、流通和服务等活动的总和，并说明了经济中信用的过度扩张始于货币成为投资品。陈淮（2000）指出，投资者在为其手中的资本寻求利益和增殖时产生了偏差，投资生产性部门使整个经济增加，实体财富转而以货币投资货币本身，导致虚拟经济的形成，虚拟经济的本质是资本脱离了其所投资的标的资产而在经济中独立地运动。李晓西和杨琳（2000）认为，虚拟经济是一种金融资本的流通交易活动，并由实体经济分化而来；曾康霖（2003）基于新时期虚拟经济的特征进行了虚拟经济的重新定义，将信息时代电子货币、网络银行和通过互联网进行的衍生品交易划入虚拟经济范畴，认为虚拟经济与虚拟资本不同，也不同于泡沫经济和网络经济，三者应区别对待。刘骏民（2003，2008）将虚拟经济定义为价格系统，该系统内价格决定取决于资本化行为，系统内价格运动的特征则具有内在波动特征，具体地，虚拟经济可以被定义为一类脱离了生

产过程的价值增值活动，通过流通买卖和资本化行为等"炒"的方法，由经济主体追逐利润最大化而形成的。王国刚（2004）认为，虚拟经济是这样一系列经济活动，由收益权益交易所形成，并且以获得资产的未来收益为目的，以持有该资产对应的票据为方式，建立在收益权益的基础之上。王爱俭（2008）同刘骏民观点一致，认为虚拟经济是一个价格体系，是预期的未来价格在当前经济中的反映，虚拟经济中最核心的因素是对未来价格的心理预期。

对虚拟经济这一概念的辨析在国内研究者的文献中也广泛存在，讨论主要集中于两个方面：其一，是否有必要将虚拟经济单独划分，以及划分后需要针对性研究的内容；其二，虚拟经济与其他含义相近的概念的辨析。张宗新和吕日（2001）认为，虚拟经济出现的条件不只是金融资本运动，换言之，是资本信用化的进程在虚拟经济的形成中起到了重要作用。钟伟（2001）认为，虚拟经济是经济进化成熟后必然出现的产物，尽管虚拟经济运转出现偏差可能会产生危机，尤其是相对于实体经济，危机更加不可预知，风险性更高。北京大学中国经济研究中心宏观组（2002）的报告中提到，现代经济的核心是金融，金融业的本质属于服务业，故而单纯将金融看作虚拟经济是不合理的。就概念上的区分而言，首先，虚拟经济区别于货币经济。北京大学经济研究中心宏观组（2003）认为，货币经济并不等同于虚拟经济，货币是虚拟经济的血液，在其运行过程中起到支撑性的作用，虚拟经济本身隶属于货币经济的一种，是资本主义经济的一种根本特性，存在于各种形式的竞争性市场中。货币经济的概念侧重于强调货币的活动在经济运行中的重要地位，表现为货币、价格与商品之间的价值关系；而虚拟经济中的流动性是作为系统内部包含的价值尺度而言的，脱离实物生产过程而具有相对独立运动规律的虚拟经济，其流通运作还需要货币作为计量表现。另外，需要进行辨析的概念是金融经济与虚拟经济。金融经济的概念并非基于马克思的价值理论来对金融的作用进行剖析，而是重点关注金融系统如何通过其运转为经济增长做出贡献，分析角度更加微观。

一些学者强调虚拟经济是一种将金融资产作为载体，同样追求利润但不同于实物商品生产过程的一类制度和经济运行方式的总和，除虚拟经济外，还可以"名义经济"或者"符号经济"来称谓，以强调经济分析中的名义变量和符号变量的重要作用，如彼得·德鲁克（1988）和张晓晶（2002）。对此，刘骏民（2003）认为，名称只是一个方面，如果能接近现实中经济运行的方式来解释经济理论体系，虚拟经济理论都是值得区分和单独研究的。这样的理论必须脱胎于经济运行的实践，成长与新时期经济运行的特色。这样的理论框架与经典的以货币作为研究对象的新古典经济学理论相区分，故而可称之为虚拟经济理论。

第二节　虚拟经济与实体经济关系的相关研究

现实世界中，经济由实体经济和虚拟经济两个部分构成，但在经典经济学理论体系当中，提到虚拟经济，均作为实体经济的附带提到。虚拟经济被单独提出并重视其研究，是从日本泡沫经济的破灭、1997年东南亚的金融危机以及美国的新经济停滞开始的。学术界在这个问题上更加关注虚、实两个经济部门之间的运行规律具有哪些一致性与非一致性，以及虚拟经济的运行会对实体经济产生何种影响。

首先是关于实体经济与虚拟经济关系的研究，包括理论分析与实证研究。成思危首先提出"最重要的是要研究虚拟经济与实际经济之间的相互作用与相互影响"，强调应该针对虚拟经济自身的运行特点和变化规律进行研究。刘骏民（1998）从货币角度出发，提出加入了证券交易的新的货币数量公式，能够反映货币供应量的实际流向，一部分流入产品市场，即通常认为的实体经济；另一部分流入证券市场，即通常所认为的虚拟经济。刘骏民（2003）同时指出，虚拟经济与实体经济在经济运行的不同阶段具有不同的相互作用特征，虚拟经济脱胎于市场经济制度。刘骏民和伍超明（2004）通过理论模型分析了二者的关系，首先建立了包含实体经济、虚拟经济、货币三个部门的模型，由此推导出货币增长率由实体经济和虚拟经济增长率共同决定，又根据实体经济部门收益率和虚拟经济部门收益率相背离这一事实，说明了虚拟经济和实体经济走向不一致属于常态。伍超明（2004）则认为，当前全球经济整体呈现虚拟化的特征，经济虚拟化过程中，虚拟经济对实体经济既起到支持作用，也可能会有负面影响，影响的正面与否则取决于整个货币循环体系中实体经济货币和虚拟经济货币流量的占比，在全球经济整体虚拟化发展过程中，实体经济与虚拟经济背离是一种经常性现象。

　　除理论研究外，关于实体经济与虚拟经济关系，学者们进行了诸多实证研究。如李宝伟等（2002）认为，若要分析虚拟经济与实体经济之间的关系，首先应从资产定价的微观基础入手，虚拟经济和实体经济这二者之间的联系存在多个渠道，实体资产是虚拟资产的基础，实体经济也是虚拟经济的运行基础，运动规律上二者完全不同，虚拟经济中与实体经济关联最密切的部分为长期资产，与产业资本的长期表现密切相关。刘东（2003）指出，由于金融的最终要义是支持实体经济，虚拟经济的良性运转将为实体经济稳定发展提供重要支持，同样地，实体经济健康运行对虚拟经济保持稳定性具有重要作用，同时虚拟经济要保持安全稳定地运行，其资本最终应转化为实物财富，故而二者之间的协调关系具有重要意义。杜厚文和伞锋（2003）认为，虚拟经济是区别于货币经济和实体经济的另一种具有独特运行规律的经济形式。刘霞辉（2004）建立了一个以概率来刻画资源转移的模型，根据该模型对虚拟经济和实体经济之间的关系进行分析，结果表明，无论是虚拟经济还是实体经济的增长受挫均会造成经济总体增长下滑，短期来看，短期的投资冲击无论发生于哪个部门，都会使宏观经济发生较大幅度的波动；刘金全（2004）则通过模型侧重分析了虚拟经济与实体经济的活性与规模如何相互作用，结果表明虚拟经济的规模增长会溢出到实体经济部门，而实体经济的活跃程度反作用于虚拟经济。王国忠和王群勇（2005）以1919~2004年美国虚拟经济和实体经济的时间序列数据为样本，分析了二者关联的时变特征，结果表明，经济在虚拟化进程达到一定程度之后，虚拟经济的运行特征将逐渐独立于实体经济，作为一个单独的系统存在。王千（2007）认为，当经济发达程度越高时，实体经济对虚拟经济的反作用越被削弱，即虚拟经济的独立性随经济的发达程度而增加，虚拟经济与实体经济的作用是随经济发达程度而变化的，二者之间相互作用呈现非线性特征，并且是非均衡的。曹源芳（2008）的研究中采用实证方法分析了实体经济与虚拟经济之间的长期协整关系，结果表明二者之间并不存在长期稳定的协整关系，即二者的相互背离属于常态。该研究认为目前在中国，实体经济不能完全被看作虚拟经济发展的基石，并且二者之间联动不够明显，虚拟经济的"晴雨表"职能并未发挥。

国内有多项研究表明，泡沫经济的形成源于虚拟经济的过度发展，凌驾于人均收入与实物财富之上而形成泡沫，然而关于泡沫经济的形成与虚拟经济的关系，一些学者认为并不只存在负面作用。如刘骏民（1998）认为，尽管虚拟经济是导致泡沫经济形成的重要原因，虚拟经济仍然不能等同于泡沫经济。虚拟经济是客观存在的经济的正常且必然存在的一个分支，只有当资产被过度炒作形成资产价格泡沫时才会产生泡沫经济。陈文玲（1998）的研究结果同样表明，虚拟经济并不等同于泡沫经济，仅当虚拟经济过度发展引起资产价格泡沫时，泡沫经济才会出现，二者并不存在必然而确切的关系，故而绝不可为了抑制泡沫而阻断虚拟经济的发展。李晓西和杨琳（2000）通过指出泡沫经济作为虚拟经济和实体经济的关联中的一个阶段，是虚拟经济过度发展，引起资产价格水平大幅度偏离其价值的情况下产生的，提出泡沫经济形态存在媒介作用。

国外的相关研究则更多地通过构建指标分析二者关系，或采用微观角度，集中于资产价格与实际产出、生产投资和金融投资的收益率以及金融市场和实体经济如何相互作用的方面。戈德史密斯基于世界各国大量的统计资料，提出了金融相关率（Financial Interrelation Ratio，FIR），并根据该指标的走势得出结论，虚拟经济和实体经济的长期走势趋同。King 和 Levine（1993）同样设计了一系列能够反映金融发展的指标，将经济增长率、全社会资本增长率以及生产率的增长与这些指标建立模型，引入其他控制变量，实证结果表明金融发展的当期水平在预测这些指标未来走向方面具有良好的效果。Levine 和 Zervos（1996）为了研究股市发展程度对经济增长的影响，在回归模型中加入了反映股市规模、发展深度等的指标。Rajan 和 Zingales（1998）在解释金融发展促进经济增长时提出，金融增长通过起到润滑作用，减少了外部融资的成本，进而促使资金更有效率地分配，提速了经济增长。Jermann（1998）建立了一个 RBC 模型，通过对模型的分析梳理了资本在资产和消费之间转化的过程，结果表明资产定价理论并不能正确反映资产的价格。Bernanke 和 Gertler（1999）的研究则表明，资产的价格可能通过不同渠道影响实体经济的增长：其一是在消费时，资产价格的高低对消费的决策产

生影响；其二是在企业的资产负债表中，资产价格的高低影响企业的估值。En-
gelen（2003）的研究结论表明，金融等虚拟经济部门正在由实体经济的依附独
立出来，形成独特的增长特征和运行规律。Green（2003）通过建立资产价格决
定方程，分析了资金流量、利率与资产价格之间的决定关系，研究提供了从资产
价格决定的角度分析虚拟经济和实体经济之间关系的一种思路，在用于消除低收
入国家贫困情况的情境下较为有效。Caporalea 和 Spagnolob（2003）建立理论模
型，进而推导出虚拟经济和实体经济之间存在一定的不协调性，由此来分析金融危
机的成因。Sachs（2004）则认为，在宏观经济的研究体系中，首要的研究对象仍
然是实体经济，在二者分离趋势越来越明显的情况下，对虚拟经济的研究应放在实
体经济研究的后面。Krippner（2005）认为，经济"脱实向虚"这一过程是逐渐积
累的，积累的方式并非通过产品的生产和交易过程而实现，并建立了实证模型，结
果表明美国的实体经济正加速金融化。Crochane（2005）则针对金融市场的收益率
进行研究，将股票溢价和经济中消费数据以一般均衡模型联系起来，采用面板数据
对该模型进行估计，结果表明，二者之间的关联很大程度上体现在金融市场的回报
率与实体经济的生产消费之间存在密切的关系上。Chang（2002）为研究提供了一
种新的思路，即由宏观上需求和供给的增长动力方面来分析虚拟经济和实体经济增
长的关系。

第三节　经济金融化原因的相关研究

　　经济金融化原因的相关研究主要集中在对非金融企业，即实体企业的金融化
原因、程度测度等方面。实体企业金融化是经济整体金融化的微观基础。
　　Serfati 认为，实体企业之所以倾向于进行投机行为，与 20 世纪 70 年代开始，
管理层和股东职能合并有直接联系。[1] 即投资者既作为股东又作为管理者，倾向

---

[1] 胡振良. 跨国集团在经济金融化中的作用. 国外理论动态, 1999（8）: 12-15.

于参与获利更快的外汇交易等投机行为。尤其是跨国集团结算与汇兑市场联系紧密，全球金融市场和汇率形势复杂多变，更容易吸引跨国公司进行投机。加之经济形势复杂，投机获利更易，促使这些主业并非金融业的跨国集团来进行投机。

Arrighi 及 Arrighi 和 Silver 的研究结论表明，实体企业的脱实向虚倾向属于经济发展周期中的一个部门，其产生的原因是资本超额膨胀与竞争程度过于激烈，为资本主义经济固有的一部分。资本主义经济中，存在资本的过度积累，此时产品经济发展有限，就会导致资本获利受限，故而过度积累的资本转向追逐利润，就会投入金融资产中。研究还表明，当前全球资本主义经济体中，这种金融化的特征普遍存在。

Crotty（2002）的研究将非金融企业的金融化过程放在新自由主义的背景下进行研究。新自由主义提倡的是产品的产出和生产效率的提高，同样地，由于资本主义经济中的过度竞争，实体经济部门的生产实际上是过剩的，供过于求导致产品生产的利润下降。与此同时，金融市场中追逐长期利润的投资者数量减少，转化为追求短期利润的投机者占据重要地位，市场耐心逐渐下降，故而非金融企业获得的利润会更倾向于进入金融市场。同时，投资组合理论流行于企业高管中，管理层开始将管理下的子公司视为流动资产，在子公司经营状况不佳时，可能采取售出处理，反之，其他公司所有的子公司也可能被视为能够加入投资组合的流动资产。这一理论的流行促使企业高管经营目标短期化，对于长期投资项目失去耐心。Crotty 同时指出，1980～1990 年，实体经济企业金融化是由实体企业经营业务的利润率低和金融投资的利润率高同时引起的。

Harvey（2005）认为，非金融企业的金融化现象可能有不同成因：首先，当资本主义经济中存在资本过度积累时，资本寻不到获利机会，需要寻找去向以缓冲度过这一阶段，进入金融系统可以达到这个目的，实现增殖的同时获得下一步投资获利的机会；其次，美国等国家的非金融企业金融化有其内在的体制原因，当前国际经济形势复杂，美国为应对激烈的竞争采取了一系列政策和措施，诸如生产外包，通过转让技术入股等方式取得外企控制权，通过服务于产品相结合、依靠资本获利等方式，在复杂的实业形势中未有丝毫落后。实体企业投资虚拟经济产品越发频繁属于经济整体"脱实向虚"的一种表现。

Milverg 以美国的非金融跨国公司为样本研究了非金融企业过度进行金融投资的动机。研究中将跨国公司的金融活动划分为两个方面:一是就获取利润的方式而言,美国的跨国公司通过外包给劳动力更廉价的国家的公司来生产,以更低的成本占据了全球价值链的高端,致使其资本积累的速度远高于资本寻求获利的速度,使之在生产性投资没有相应规模的增长的情况下实现了大量获利;二是公司的现金流走向的问题,美国的跨国企业实现离岸生产,其本身并不需要投入生产性资本,故而跨国公司本部的资金更多地投向金融部门获取既得利益,便于进一步在海外进行扩大再生产。总之,美国由于占据全球价值链的上游,其非金融企业的金融化程度相对更高。

Firat Demir(2007)在其研究中表示,实体企业过度投资金融资产的形成原因复杂,最直接的原因莫过于规避风险或在形势较好时进入资金以获取套利,其背后的深层原因还包括市场发展的不成熟性、政策的不确定性与市场的过度变动、生产性投资回报率相对投资证券等产品收益率过低等。基于这些分析,他选取了一些南美洲国家,如阿根廷等进行实证研究,分析这些国家实体企业脱实向虚的原因。结果表明,实体企业"脱实向虚"的原因,从宏观上,政策和预期的不够明朗使"脱实向虚"倾向加重,融资方面贷款利率的上升导致融资成本升高,而当泡沫存在时投资虚拟经济可以获得更高收益,共同促进了实体企业的脱实向虚行为。同时,生产性投资的回报率越高,则企业越不容易产生脱实向虚的倾向。

第四节 经济过度金融化风险的相关研究

一、对实体投资影响的研究

学术界对实体企业过度金融化的风险的研究更多地集中在对企业自身扩大再

生产的影响方面，即当实体企业增加金融资产的配置时，会对其主营业务收入产生"挤出效应"。主营业务获得利润的能力不仅与生产规模相关，与支付给股东的股利等分红因素得到的留存收益率也呈正向关联。由于这些利息和股利的支付也随上市规模逐渐增加，这些实体企业主营业务收入被分走的部分增加，使实体企业生产性投资的回报降低。

Orhangari（2006）以美国实体经济部门企业的生产性投资为研究对象进行研究，结果表明对虚拟经济部门的投资对于企业自身的生产性资本积累具有挤出效应，挤出的渠道主要包括使企业高层管理者获得更高的收入等，以及股利、股息等分红部分的增加使企业内部融资渠道通畅程度下降，股东的要求迫使企业经营目标缩短，企业资金链变得脆弱等，均加剧了实体企业过度金融化。这种影响机制解释了为何实体企业生产性投资会受其金融投资水平的直接影响。Crotty（2009）选择了以美国机器设备行业的企业为样本，对这些公司的脱实向虚的倾向于其资本积累增加之间的关系进行了实证研究，结果同样表明实体企业生产性投资会被其金融投资挤出。Palley（2007）的研究同样表明实体企业的利润下降同对股东金融支付的提升有关，去除这部分资金，企业留存的利润更低，可以用来进行生产性投资的资金就越来越少。对股利、股息等的要求提升，实体企业若希望提升留存收益，只能依靠增加金融投资、倒卖房地产获利，或者进一步剥削工人劳动成果来实现，这些获取收益的方式是不可持续的，最终使整个实体经济陷入萧条。Demir（2009）则认为，实体企业进行金融投资未必都是出于获取投机利益的目的，也可能是期望在金融市场的繁荣阶段进入市场中，获取资金来为未来经济增长率不高的"凛冬"进行资金储备，是出于一种储备性的动机。Lazonick（2012）则将重点放在了非金融企业脱实向虚对失业率的影响上。结果表明，对美国企业而言，一旦实体企业产生脱实向虚倾向，其对生产的投资会大幅降低，利用少部分资金在海外劳动力成本更低的国家设立工厂，将大部分资金用于金融投资，致使工厂雇用工人数量大大减少，失业率提高。

二、对金融危机影响的研究

（一）国外相关理论和研究

为了对经济脱实向虚对金融风险的相关研究加以梳理，首先列举学者对金融危机产生的模型，以明确金融危机产生的原因及经济脱实向虚在其中起到的作用。

20 世纪 70 年代以来，金融危机频繁爆发，破坏力逐渐扩大，由最开始表现为固定汇率瓦解，并逐渐扩散至其他领域，包括银行、股票市场、房地产市场和外汇市场等。具体地，近三十年来的金融危机主要有，1992 年发生的欧洲货币体系危机；1994 年发生于墨西哥的汇率与股票价格急速下跌的危机；1997 年发生于东南亚，影响范围包括泰国、马来西亚、新加坡、日本、韩国等国家的危机；1999 年发生在巴西的本币迅速贬值的危机；2001 年发生于阿根廷的比索暴跌、政府偿债能力骤降的危机；2007 年起最初发生于美国的全球次贷危机。历史上每一次金融危机的发生，都对发生危机的经济体本身和全球经济产生不同程度的影响。

关于经济脱实向虚的影响，国外学者的研究主要集中于虚拟经济与实体经济背离所带来的负面影响方面，总结起来可以分为泡沫经济和金融危机两个方面。三木谷良一（1998）的研究表明，泡沫经济主要是起源于股票和不动产等资产的价格运行偏离其标的的实体资产的实际价值较远。前述诸金融危机的表现形式和严重程度都难以一概而论，故而关于危机的成因，始终众说纷纭。学术界比较统一的一点是，金融危机的类型很难界定，由于宏观变量之间影响机制复杂，几乎不可能形成统一的标准对金融危机进行分类。目前较为统一的说法是按照 1998 年 IMF 撰写的《世界经济展望报告》中将金融危机的类型分为货币危机、银行业危机、外债危机和系统性金融危机。本节将按照这个分类，分别对四种类型的金融危机相关理论进行梳理：

1. 货币危机模型

关于货币危机模型共产生了四代理论。第一代模型最初由彼得·克鲁格曼

（Krugman，1979）提出，此后经过了 Garber（1984）、Flood（1984）和 Obstfeld（1996）等学者的不断完善和细化得到。第一代货币危机模型将金融危机的成因归结于固定汇率制度不能与当时的宏观经济政策相互配合协调，故而招致大量对本国货币的恶意投机行为。第一代货币危机模型中的投资者是理性投资者，对于货币政策和财政政策下汇率的变动具有理性预期，当财政政策和货币政策均为扩张性时，本币的汇率会有下降压力，投资者做出抛售决策并购买外币。此时中央银行为了维持汇率稳定会动用其外汇储备，并最终引起外汇储备耗尽，难以持续维持汇率稳定，引发金融危机。第一代模型主要针对 1970~1980 年发生于墨西哥和阿根廷等国家的金融危机进行解释，对后续金融危机缺乏解释力度。

第二代货币危机模型最初由奥布斯特菲尔德（Obstfeld，1996）在研究中提出，其中心思想是金融危机具有自我实现的特征，第二代货币危机模型主要用于解释 20 世纪 90 年代的金融危机。该模型为动态博弈模型，博弈双方为投资者与中央银行。货币政策和财政政策具有多重目标，将导致动态博弈有多个均衡。因此，中央银行不会采取唯一目标稳定汇率，而是通过比较维持汇率稳定的成本和放弃汇率稳定的损失，当维稳成本较高时，央行将不再采取措施稳定汇率，此时引起金融危机的发生。关于模型在不同稳态之间的转换稳态，笔者将投资者的理性预期结果考虑在内。结果表明，当金融市场为非完全有效的市场时，市场信息对投资者决策的影响非常大，微小的信息冲击会使大范围的投资者改变其预期，引发非理性的羊群效应。当前在全球经济一体化的背景下，当金融危机发生时，相邻国家或经济贸易联系紧密的国家会受到相当程度的波及，该国投资者预期受到巨大影响，从而发生金融危机。

第三代货币危机模型针对 1997 年发生于东南亚的金融危机提出，其主要理论根据是金融危机发生的微观基础。该模型最初由麦金农和皮尔（McKinnon and Pill，1996）的研究提出，该研究认为一些亚洲国家的政府存在特殊的对金融机构包庇保护的现象，并提出"过度借款综合征"的概念。当国家存在这样的过度借款综合征以及政府包庇纵容行为时，巨额的贷款被用于消费和投机，并催生了金融资产的泡沫膨胀，一旦泡沫破裂，金融资产的质量立即劣化，并累及为其担保的政府机构，一旦政府中断对问题金融机构的担保，这些金融机构的资金链便会破裂，大量金融机构无以为继，引发金融危机。萨克斯和拉德勒特（1998）的研究则针对东南亚国家政府和企业、金融机构的资产负债期限不匹配现象进行了研究，认为这些国家的外债以短期居多，资产却为长期资产，导致期限错配严重，由此引发了金融机构的流动性受损，一旦银行体系出现挤兑现象，银行甚至可能选择直接破产，或不得不清算一些未到期的资本性项目，引起金融危机。

第四代货币危机模型的研究以资产价格为焦点。克鲁格曼的研究表明，如果某个国家持有过多外债，会引起国外投资者对其产生负面预期，在对该国家企业放贷时出现惜贷情绪，该国企业融资渠道减少，运营状况受影响，会给经济整体运行状况带来不良效应。这时该国中央政府再采用宽松货币政策将无法缓解这种情况，该国经济被逼至危机爆发边缘。

2. 银行业危机理论

第一是货币政策失误论，该理论由 Friedman 提出，由 Brunner 和 Meltzer（1967）等完善补充。Friedman 提出，货币政策选择的失误从根本上引起了货币市场的不均衡。对货币政策选择的失误可以将经济中出现的一些小问题扩大至整个经济，如将突然的通货紧缩通过银行体系的情绪恐慌转变为整个经济中出现的金融危机。Brunner 和 Meltzer（1967）则进一步对 Friedman 的货币政策失误论进行补充，提出金融危机的爆发可由货币存量增速过快通过引发银行业危机而引起。

第二是 Minsky 的金融不稳定假说。Minsky（1982）通过将借贷市场上的借款者进行分类对金融系统内在的脆弱性进行了分析。Minsky 认为，借款者根据其特性不同可分为套期保值型借款者、投机型借款者以及蓬齐型借款者。当经济周期处于开始阶段时，经济中的借款者大部分属于套期保值型。当经济由繁荣转向衰退时，借款者收益降低，开始向投机型和 Ponzi-type 的借款人转换，故而金融体系出现不稳定因素。Minsky 在此基础上发展出的理论认为，金融危机并不是由外来的冲击引起的，金融系统本身具有不稳定特征，而是经济发展到一定阶段的必然产物。

第三是 Tobin 的银行体系关键论。本理论由 Tobin（1981）提出，其核心思想为，金融危机中起到核心作用的是银行。当企业杠杆率过高时，经济体中积累的杠杆率风险会逐渐加深，此时银行为了控制债务风险，会产生一定的惜贷情绪，并将贷款利率提高。贷款利率的提高会削弱企业的融资能力，一旦融资下降，投资也相应减少，企业面临破产或出售资产以抵偿债务的风险。企业抛售资产又会使资产价格迅速下跌，进而在经济、金融体系中引起系列不良反应，使脆弱的金融体系面临发生危机的窘境。

第四是 Mekinnon 的道德风险理论。罗纳尔多·麦金农的研究结果表明，银行体系的担保机制是金融业危机产生的根源。一方面，由于存款保险制度以及"最后贷款人"政府的存在，银行由于道德风险的出现，会产生投资高风险资产的倾向，使银行存款人面临风险；另一方面，由于债权人无法对银行实施监督，也加剧了银行道德风险的产生。世界银行和 IMF 的一项基于 1981~1994 年 65 个国家的研究也表明，当一国设立存款担保机制时，该国发生金融危机的概率比其他国家更大。

3. 外债危机理论

第一是欧文·费雪的"债务—通货紧缩"理论。它基于不同经济周期阶段企业不同举债决策建立，即当经济繁荣时，企业为获取更多收益进行扩大再生产而过度举债，相反，当景气程度较低时，公司一方面面临经营状况不善，另一方面无法清偿债务，就会出现经济更加萧条，货币紧缩，提升金融危机的风险。

第二是沃尔芬森的"资产价格下降论"。其中心思想是，银行面对因过度举债而无法清偿的债务人时，会责令其抛售资产抵偿债务，该过程会引起资产价格迅速下降。资产价格突然下滑一方面使债务人的资产缩水，并提升了资产负债率，另一方面进一步加重了债务人的偿债负担，使尚未抛售资产的企业偿债能力降低。

第三是 Suter 的"综合性国际债务"理论。Suter（1986）的综合性国际债务理论是基于经济周期的分析提出的，该理论认为，国际借贷关系中的核心国家的资本通常十分充裕，可能会寻求获利机会而流向边缘的资本不充裕国家，导致这些国家的外债增加。这些被增加外债的国家通常经济不够发达，在偿付负担加重，杠杆压力上升的情况下，这些国家的经济会陷入低迷，于是可用来抵债的初级产品价格下降，还债压力进一步上升，直到无法支撑引起大面积崩盘。

4. 系统性金融危机

此外，Tenenbaum（1994）提出，当虚拟经济过度发展，虚拟和实体经济呈现倒挂时，这种经济结构可以被称为"倒金字塔"形。在"倒金字塔"形结构经济下，产品生产部门资金不足，大量人力和资金流向金融部门，对实体经济的发展造成负面影响，并存在引发金融危机的可能。

Harris（1997）的研究表明，在衍生品市场发展的初级阶段，监管部门用来防范系统性金融风险的工具属于套期保值的一种，而一旦监管部门放松监管，这些工具就会成为投机性资本追逐的对象。Harris 同样认为是经济政策制定的失误造成了近年来世界上大部分的金融危机。

Webber（2001）则对 1997 年东南亚金融危机的成因进行了探讨。研究基于对世界各大经济体近年宏观数据走向的分析，结果表明，金融部门仍然是反映实体经济发展状况的"晴雨表"，世界上不同国家的体制不相同，发展特点与金融市场成熟度也不相同，产生金融危机的国家恰是金融发展程度与实体经济发展程度发生错位的国家，危机的发生不仅对于金融部门是灾难性的，对于这些国家的实体经济也造成重大损伤。该研究最后总结，当前经济国际化程度高，仅局限在某一地区的金融危机将非常少见，一旦出现金融危机，其波及范围很可能囊括了全世界各大经济体。

由以上对国外学者关于经济过度金融化引发金融危机的研究的梳理可知，金融危机理论已经较为成熟，关于金融危机的产生、后果等都有大量讨论。然而这些研究仍然存在未涉及的部分或不足之处，诸如金融形势不断更新，在科技金融发达、金融业日新月异的当今，这些对金融危机的分析理论相对于现实存在一定的滞后性，并且这些理论多数仅能解释已经发生过的金融危机，对于金融危机的预测几乎无效。国外关于金融危机的理论，关于经济过度金融化与金融危机之间的关系的研究仍然存在改善和补充的空间。

（二）国内相关研究

国内关于金融化与金融危机相关性的研究主要集中于泡沫经济的形成以及虚拟经济和泡沫经济的关系方面，主流观点认为，虚拟经济不只会因过度膨胀而催生泡沫经济，二者之间还有更加深层次的结构性联系。

如刘骏民（1998）的研究表明，虚拟经济和泡沫经济并不属于同一概念，尽管二者存在深刻的联系。陈文玲（1998）则认为，虚拟经济中的泡沫完全是由于虚拟经济超过实体经济承载能力而过度膨胀带来的，但泡沫并不等同于虚拟经济，只有过度膨胀的部分才可称为泡沫。李晓西和杨琳（2000）通过提出泡沫经济形态存在媒介作用，指出虚拟经济和实体经济的关联中，泡沫经济作为其中一个阶段，是虚拟经济过度发展，引起资产价格水平大幅度偏离其价值的情况下产生的。姜琰（2003）在文章中阐述了可能引发金融危机的点，主要包括本国金融市场对外开放程度过高、实体经济存在严重的错位问题、本国金融系统脆弱性提高、系统性金融风险发生可能性提升等。

虚拟经济对实体经济有效支持时，会使其增长速度和增长效率提高，一旦虚拟经济部门过度膨胀，就会产生大量泡沫，一旦泡沫破裂，金融危机就会发生。周建军等（2008）认为，房地产市场的泡沫与现代经济的虚拟和实体双重属性有关，房地产泡沫属于复合型泡沫，虚拟经济在房地产泡沫的形成过程中具有重要作用，该研究基于将经济分为虚拟与实体两部分的分析框架完成。杨琳（2009）通过分析 1990 年以后几次大范围金融危机的数据，利用实证方法分析了虚拟经济与实体经济之间的关系。结果表明，当金融体制开放达到一定程度时，会催化金融危机的形成，同时虚拟经济部门的过度发展会挤出实体经济的资本，进而阻碍实体经济的发展进程。兰日旭和张永强（2011）建立了实证模型分析虚拟经济和实体经济的关系，文章选取英国和美国作为研究对象，以其在 1825～2008 年出现金融危机时的 GDP 增长作为被解释变量，M2 等作为解释变量，结果表明，实体经济增长是虚拟经济增长的 Granger 原因，反之虚拟经济增长却不是实体经济增长的 Granger 原因。李国疆（2011）则认为，实体经济和虚拟经济相背离是经济发展的必然走向，文章通过分析在何种条件、动因下会出现虚实背离，得出了虚实背离将会导致泡沫经济的结论，当泡沫经济达到一定条件时，出现金融危机。研究同时对金融危机的形成机制和传导机制进行了实证研究，结果表明虚拟经济才是金融危机产生的根源。甘维（2010）基于对反映虚实背离指标体系的选取，建立了金融危机的预警模型，给出了金融危机发生的阈值，并对 2010 年前后中国经济数据进行分析预测，结果是中国近期发生金融危机的可能很小。张凡和刘梦琴（2013）以意大利、葡萄牙、西班牙和希腊等国家为研究样本，建立了面板模型，对欧债危机与虚拟经济和实体经济相背离的程度之间的关系进行了分析，文中将债务总和与 GDP 之比作为危机系数，该系数为被解释变量，解释变量包括实体经济和虚拟经济行业产值分别占 GDP 的比重、福利支出占 GDP 的比重等，实证结果表明，每当虚拟经济行业总产值与实体经济总产值的比重上升1%，危机系数就会上升 0.38%。刘洋（2015）将金融危机的成因分为三个方面，即虚拟资本、资产泡沫以及金融窖藏，并以 1995~2013 年全国工业增加值为被解释变量，上证指数为解释变量建立回归，得出了虚实背离将大幅增加金融危机发生的概率的结论。赵建和王静娴（2022）则认为，P2P、影子银行等创新性金融业务的野蛮发展，除了使经济金融化程度加深，还使大量未经监管的资金流入"三高一剩"行业，这些行为不仅不利于经济高质量发展，也加深了系统性风险的积累。

第三章

经济金融化的现状

2016 年前后，我国资本市场与房地产市场的繁荣引发了关于经济"脱实向虚"的讨论，2017 年召开的第五次全国金融工作会议也将服务实体经济列为金融改革发展的三项任务之首。2015 年下半年起，随着利率大幅度下降，我国的债券市场、股票市场、汇率市场、商品市场、房地产市场都出现了异常波动，各类资产价格出现了大幅度上扬，不仅积聚了金融风险，也在不同程度上刺激和影响了实体经济的运行。居民部门方面，中长期贷款、房地产贷款和个人购房贷款快速增长，金融资产投资占收入比重快速上升。实体经济企业部门方面，实体企业由于投入成本较高、产出周期偏长、利润空间有限，生产经营往往处于微利、无利状态，故而采取减少生产资本积累、增加投机性金融资产持有的策略。货币金融方面，M2 规模保持稳定增长，但 GDP 增速并未如以往般随之上升，同时虚拟资产包括股票市场总规模、房地产市场交易量却在不断增加。本章将从以上三个金融化的层面，对居民部门、实体经济企业部门及金融部门资金配置进行分析，系统地刻画和度量经济金融化的具体特点和程度。

第一节　居民部门资金配置

经济运行的过程中，居民部门承担了一部分资金分配功能，居民将持有的资金在消费性产品和金融资产、住房资产等之间进行分配，其中投入消费性支出中的资金主要流向实体经济部门，如购买生活用品的资金流向制造业企业，购买金融资产和住房资产的资金投向金融部门及房地产部门。本节将对居民部门资金配置状况进行分析，从而得到居民部门金融化的特点及程度。

一、收入与支出分析

本节通过分析居民可支配收入与消费性支出数据，对居民部门资金流向的趋势进行透视。居民可支配收入从收入构成分析，由财产性收入与劳动、经营性收入构成；从支出角度看，由居民最终消费支出和储蓄构成。财产性收入主要为投资性收入,其在可支配收入中占比越高,表明住户部门的资本性收入越高,住户部门中的"食利"者占比越高。居民消费支出包括除了储蓄、投资性支出等,用于购买产品服务的支出,其占可支配收入的比重一定程度上反映出居民部门的资金流向,当该比重上升时,表明居民部门更乐于消费而非储蓄,资金更多地投向生产性部门,如食品烟酒、居住、生活用品及服务等领域;反之表明居民部门更倾向将收入用于投资,如购买金融资产、进行房地产购买等。图 3-1 显示了 2014 年第 1 季度至 2022 年第 2 季度居民消费性支出占可支配收入的比重变化情况。

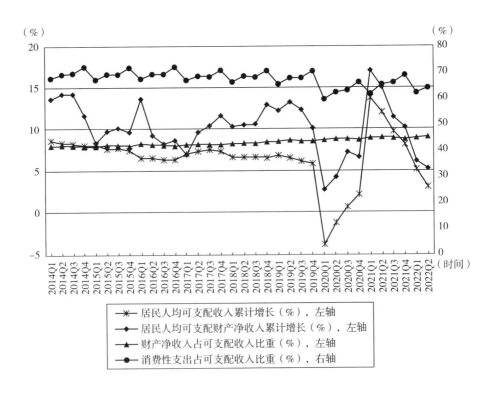

图 3-1　居民部门收入与支出:2014 年第 1 季度至 2022 年第 2 季度

资料来源:国家统计局网站。

如图 3-1 所示,2014 年第 1 季度起,居民人均可支配收入累计增长率为 8.6%,至 2019 年第 4 季度,下降至 5.8%。2020 年受新冠肺炎疫情冲击,居民人均可支配收入累计增长降至负值，2021年回升之后持续下降。居民人均消费性支出增速大体呈缓慢下跌趋势，表明居民部门的资金投向由倾向于通过消费进入生产性部门，如食品烟酒、衣着等生活用品生产企业，逐渐倾向于储蓄，进而流入非生产部门，如购买金融资产如股票、证券等或购置住宅资产等。与此同时，居民部门人均可支配收入中财产净收入的占比上升十分缓慢，表明投向金融部门及房地产领域的资金并未获得相应规模的收益回报增长。究其原因，从金融部门方面来看，由于缺少实体经济部门支持，即"资产荒"情形的出现，金融资产泡沫难以维持，居民资金投向金融部门难以获得长久稳定的回报；从房地产方面来看，由于政府政策的调控，房地产价格泡沫增长相对放缓，无论是租赁还是作为抵押物，都无法获得与购买投入的资金对等的收益上涨。而居民部门消费性支出占比去除季节性因素后，整体处于下降状态，2014年平均为69.44%，至2021年下降为平均65.21%。资产投资对消费存在替代效应，导致消费性支出占比降低，居民部门资金投向非生产部门，存在"脱实向虚"趋势。

二、金融资产配置

为进一步分析居民部门资金流向，本部分与下文中将对居民部门投到金融资产及住宅资产中资金的情况进行分析。表3-1中给出了2008~2019年中国居民部门金融资产的配置状况，给出了居民部门持有金融资产在通货、存款、保险准备金、股票、证券投资基金、债券和贷款等金融资产之间的分配状况。

表3-1　2008~2019年中国居民部门金融资产分布情况

（占全部金融资产比重）　　　　　　　　　　　　单位:%

年份	通货	存款	保险准备金	股票	证券投资基金	债券	贷款
2008	4.356	36.520	3.229	3.194	50.957	1.746	0.000
2009	4.216	38.624	3.398	3.880	48.271	1.610	0.000
2010	4.048	37.315	3.460	3.146	50.484	1.332	0.215

续表

年份	通货	存款	保险准备金	股票	证券投资基金	债券	贷款
2011	3.740	35.213	3.361	2.457	53.865	1.016	0.348
2012	3.472	36.509	3.543	2.982	51.961	1.077	0.457
2013	2.995	34.621	3.312	2.917	54.513	1.120	0.521
2014	2.701	34.976	3.543	3.867	53.292	1.053	0.567
2015	2.544	37.601	3.837	5.934	48.238	1.194	0.652
2016	2.477	38.779	4.115	6.211	46.633	1.080	0.705
2017	2.270	35.910	4.053	6.672	49.330	0.980	0.785
2018	2.120	35.088	4.019	6.253	50.989	0.920	0.610
2019	1.964	34.479	3.990	5.920	52.368	0.841	0.437

资料来源:《中国国家资产负债表 2020》。

根据对表 3-1 中居民部门金融资产配置变化情况的分析可以得到以下几点结论:①家庭对通货的持有在 2008~2019 年快速下降,由于电子支付技术、金融科技等新兴业态的快速发展,金融产品可及性提升,现金持有额度加速下降,居民的金融资产更多地流向基金、股票等领域。②存款一项在 2008~2014 年处于下降趋势中,2015 年和 2016 年受"股灾"影响,居民财富由证券基金市场回流向银行,存款占比达到峰值,随后迅速下降,2019 年仅为 34.479%,为近十年最低。③股票在金融资产中占比不高,维持在 10% 以下,但波动性较强,2013 年以后持续上升,由 2011 年的 2.457% 上升至 2019 年的 5.920%,增加了一倍以上。④居民部门持有保险准备金比例相对较低,基本维持在 3%~4%,并且总体呈上升趋势,尤其是 2015 年以后提升速度较快。⑤证券投资基金在居民部门全部金融资产中占据绝对优势,且始终维持在 50% 左右,且 2015 年"股灾"后,仅 2016 年发生下降,此后不断回升,2019 年占居民部门全部金融资产的 52.368%。由于证券投资基金的投资对象仍为股票债券资产,故该趋势也反映了近年来居民财富流向金融市场占比不断提升。⑥债券整体占比较低,但变动幅度较小。自 2015 年以后,居民债券资产投资占总金融资产投资的份额不断下降。⑦在民间借贷活动较为旺盛的 2016~2017 年，居民贷款资产占比提升至 0.7% 以上，但 2018 年以后随着民间借贷活动减弱，贷款资产有所下滑。

根据以上分析，中国居民部门的金融资产配置更倾向于证券投资基金，其次是银行存款。但证券投资基金份额上升较快，而银行存款则迅速下降。由于证券投资基金最终流向同样是股票和债券市场，因此该趋势总体反映出居民部门资金流向虚拟经济部门的状况。同时，证券投资基金份额远远高于股票份额也说明，实体经济的"资产荒"现象使居民倾向于将闲置资金用于金融投机获取短期利益。

三、住宅资产配置

前文提到，由于房地产在"房住不炒"政策推出前有着难以忽视的投资品属性，本书将房地产部门定义为具有虚拟和实体双重属性的部门。为分析居民部门金融化程度，还需对居民部门购置房地产的情况进行了解。自住房制度改革开始以后，中国房地产市场持续呈现过度繁荣的景象，一线城市房价始终居高不下，同时二线、三线城市房价也不断攀升。住宅资产除了"用来住"，"用来炒"的情况也屡见不鲜。尤其是在 2016 年中央经济工作会议提出"房住不炒"之前，在取得棚改货币化安置的补贴后，居民出于货币保值的考虑，将大部分钱用来买房，加快了去库存的进程，房地产市场热度上升，居民部门内部形成房价上涨预期，又加速了房地产市场泡沫的出现。这一段时间，住宅资产不仅成为居民家庭中的一部分刚性需求，其投资品特征也越发凸显。为进一步研究居民部门金融化，或居民部门资金"脱实向虚"的情况，需要对住房制度改革之后中国房地产发展状况以及居民部门房地产购置状况进行分析。

图 3-2 中列出 2003~2021 年中国住宅商品房销售额增速、商品房销售额增速以及批发和零售业商品销售额增速。关于房地产市场的政策方面，自国务院 1998 年印发《关于进一步深化城镇住房制度改革加快住房建设的通知》后，住房分配制度停止，全国各地逐渐实现了住房配置的货币化，住房供应市场向多层次化发展，使不同层次的居民对住房资产的需求得到了满足，房地产市场化进程进展迅速。房地产迈入市场化轨道又为居民投资住宅资产提供了便利。2006 年

以后，房地产市场发展迅速，成交量和建设量不断增加，一些大城市房地产市场逐渐火爆，国家出台的一系列房价调控政策，如国六条等之后，房地产市场的价格变动趋势呈现先向上跳空然后步入一个稳定持续小幅上扬的趋势。2008 年之后，由于经济遇冷，房地产行业作为国家经济的支柱性行业，其繁荣对提振市场信心至关重要，故暂未采取更加严格的措施对房价实施管控。2008 年后股票市场跌幅显著，居民闲置资产从股票市场游离出来，投向更加稳定保值增值的房地产市场，从而进一步催高了房价。金融危机之后经济低迷时期，房地产市场依旧保持繁荣，危机后迅速复苏，再之后房价继续上涨迅速，全国各大城市房价均保持上涨。随后，国家出台了一系列政策维持房地产市场稳健发展。具体有：2010年，国务院发布了"国十一条"，2013 年，国务院发布了"国五条"。2015 年 6月，国务院印发《关于进一步做好城镇棚户区和城乡危房改造及配套基础设施建设有关工作的意见》，棚改补偿模式转向货币安置优先，叠加中央银行降息、各地房地产贷款政策放松，在此背景下，2016 年的房地产价格大幅上涨。因此，2016 年底的中央经济工作会议首次提出，"房子是用来住的，不是用来炒的"。2019 年末的中央经济工作会议再次强调了要坚持"房子是用来住的，不是用来炒"的定位。

图 3-3 为我国 2002~2021 年住宅销售额占 GDP 比重情况。从图 3-3 中可以看出，居民部门住宅销售额占 GDP 比重基本呈线性上升趋势，表明国民收入用于购置房地产的部分逐年升高，住宅资产的占比在居民部门资产分配中不断上升，反映了居民部门资金配置"脱实向虚"背后的结构性问题。房产购买交易更频繁，在经济中存在各种资源错配和扭曲机制下，房地产的投资品逐渐掩盖其使用价值，房地产行业的收益率远高于实体经济部门如制造业的投资回报率，因此，在 2017 年以前，居民部门投到房地产购买中的资金持续上涨，并且宽松货币政策推动房地产等资产价格大涨，居民杠杆买房热情高涨，居民部门中长期贷款、房地产贷款和个人购房贷款快速增长，房地产领域泡沫进一步积聚，无论是从居民部门还是从房地产部门来讲，均存在一定"脱实向虚"的金融化倾向。

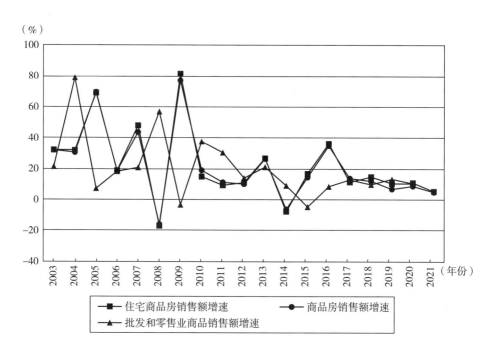

图 3-2 2003~2021 年住宅商品房销售额增速、商品房销售额增速与

批发和零售业商品销售额增速

资料来源：国家统计局网站。

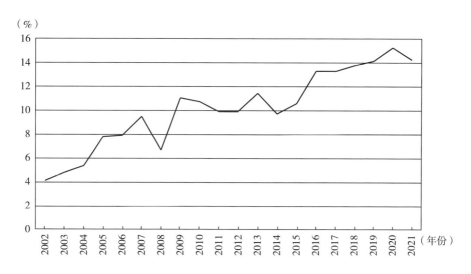

图 3-3 2002~2021 年住宅销售额占 GDP 比重

资料来源：国家统计局网站，笔者整理。

四、杠杆率分析

居民负债的主要构成为购房贷款，故而居民部门杠杆率，即居民负债与GDP之比可作为反映居民部门资金"脱实向虚"程度的一项重要指标。图3-4中显示了2016~2021年中国、新兴市场国家以及G20国家平均居民部门的杠杆率数据。如图3-4所示，中国居民部门杠杆率远高于新兴市场国家平均水平。

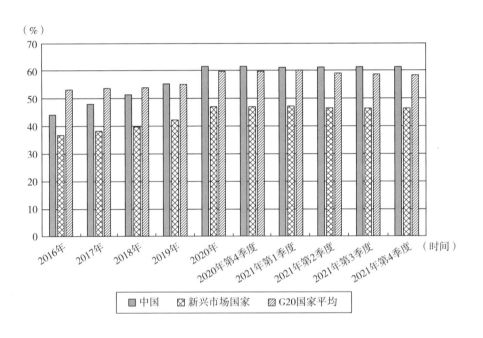

图3-4　2016~2021年居民部门杠杆率

资料来源：国际清算银行。

中国居民部门的个人购房贷款自2013年以来上涨迅速，促使个人贷款在银行贷款业务中占比上升，尤其是在个人按揭贷款相对信用风险小于整体资产不良率时。居民部门方面，实体经济部门出现资产荒导致居民部门闲置资金无处投放，并且北京、上海等一线城市，住房与户口及其他福利政策挂钩，导致居民部门更加倾向于投资住房资产。并且根据历史来看，当经济下行时，中国的房地产部门始终保持坚挺，使住房更加成为居民资本保值增值的优质选择。根据中国人民银行统计数据，2011 年，中国平均每月新增的个人购房贷款为 1882 亿元，2012 年这一数据为 1781 亿元，到了 2013 年，新增个人购房贷款增加了一倍多，高达 3750 亿元，而后保持了迅速增长的势头，在 2015 年达到了 5226 亿元。2016 年则突破性地于前 6 个月完成了相当于 2015 年全年的贷款增加额，占银行全部贷款新增额的 44.6%。居民部门通过加杠杆来投资房地产，使居民部门杠杆率进一步推高，由表 3-2 可看出，2008 年居民部门贷款占可支配收入的 86.07%，2020 年这一数据升至 261.21%，反映出居民倾向于增加借贷购买房产，这种投资也挤占了其消费性支出。

表 3-2 2008~2020 年中国居民部门杠杆率数据

年份	可支配收入：住户部门（亿元）	住户贷款（亿元）	住户贷款/住户部门可支配收入（%）
2008	66388	57137	86.07
2009	72530	83656	115.34
2010	84102	112094	133.28
2011	99757	135214	135.54
2012	114025	160194	140.49
2013	128933	196864	152.69
2014	144375	229216	158.76
2015	157992	267326	169.20
2016	172138	329544	191.44
2017	188069	379033	201.54
2018	205429	478954	233.15
2019	225904	553296	244.93
2020	241917	631901	261.21

资料来源：国家统计局、中国人民银行。

第二节　实体经济企业部门资金配置

在实体经济投资环境不佳、实体经济生产企业利润率下降、实体经济部门出现"资产荒"时，一些非金融企业会调整其投资策略，减少固定资本积累，转向投资金融资产以期获得短期利润，这一脱实向虚的过程在一些文献中也被称为企业金融化（张成思和张步昙，2015）。非金融企业金融化是一种经济脱实向虚的表现，实体经济的资金流向了虚拟经济部门，于是实体经济缺少投资，生产经营状况进一步恶化，而金融市场和房地产市场则迅速膨胀（向松祚，2015）。

中国企业的金融化行为自 2008 年金融危机爆发之后也愈加明显。首先表现为非金融企业的杠杆率显著升高，2008 年企业杠杆率为 98%，全社会融资规模为 6.9 万亿元，到 2015 年全社会融资规模达到 15.4 万亿元，而企业杠杆率大幅增加至 143.5%。但同时民间固定资产投资总额呈下滑趋势，由 2008 年的27.68%下降至 2015 年的 3%。扩张型货币政策为经济提供了更强的流动性，然而这些流动性未能有效进入实体经济中，尽管信贷规模持续扩张，其对产出增加也并未起到显著的促进作用，甚至有些企业的主营业务收入持续下滑。当金融行业利润率高时，相当一部分实体企业转向投资金融资产，包括许多行业领军企业。根据统计，2016 年全年，中国 A 股上市公司中购买了理财产品的共有 890家，在全部 A 股上市公司中占 30%以上，购买理财产品总额高于 1.07 万亿元[①]。除金融资产外，诸多非金融企业也将目光转向利润极高的房地产投资。2016 年全年，中国 A 股上市公司中参与投资性房地产交易的共计 1200 家左右，许多企业在主营业务亏损时通过房地产交易产生账面盈利。这样原本支持实体企业发展的资金又回流至虚拟经济中，企业部门金融化导致了企业资本积累的挤出（张成思和张步昙，2016）。

---

① 资料来源：Wind 资讯。

一、实体企业金融资产持有状况分析

对于企业本质的研究，主流观点认为，企业作为独立的经济主体，其经营目标应是取得最高的股东价值，企业具有自身的核算系统，其经营成果由股东和员工负责，其实际上的功能是资源配置。根据这种定义，一般的企业在进行投资决策时需要将自身资本积累与金融投资相结合，以谋求资金利用率最大化和利润最大化，最终实现资本的增值。实体经济中，非金融企业也遵循这一规律，当主营业务经营环境不佳、利润下降时，将会考虑进行金融投资以保证生存，在金融化倾向逐渐发生时会有几种现象发生：首先，企业对金融食利的意愿越发强烈，其投到虚拟资产中的资金持续增加。可能进行更多的金融并购活动，将一些规模较小的金融公司纳入麾下，逐渐成长为综合化业务的大型企业，其业务范围涵盖了各种金融业务。根据2012年安邦咨询的统计结果，国资委管理的国有企业共有117家，其中参与金融投资行为的有76%左右。这种非金融企业的金融化行为不仅发生于国有企业，在不同所有制和不同行业的企业中均广泛存在。根据不完全统计，截至2021年6月30日，A股共有837家公司参与了证券投资。如钢铁行业，企业多数为国有大型企业，在国内钢铁产能过剩的大背景下，这些企业为了避免亏损，不再只依靠生产钢铁获得利润，而是采取并购等方式，与一些金融公司进行业务合并，到资本市场"分一杯羹"。又如国民支柱产业制造业，购买厂房、设备、进行产品研发的资金比例相对下降，为了获取更高收益，将大部分资金投到资本市场中寻求超额利润，呈现出规模性金融化的局面。以这些行业为代表的非金融企业的金融化现象广泛存在。此外，实体企业金融化的趋势会对这些企业自身的资本结构和治理理念产生影响，企业未来的投资决策以及激励机制均会发生不同程度的变化。首先，机构投资者通常投资的规模更高，在持股比例方面排名通常较高，经常作为控股股东来影响实体企业的经营决策，但与此同时，机构投资者相对于普通投资者与公司高管，更加关心企业即时的经营状况，而非长期经营状况，故而会更倾向金融投资，于是金融化的过程对实体企业的存续期将产生重大挑战。其次，机构投资者影响了企业的决策模式，其在各种资产之间分配的比例必然会随之改变。企业层面的金融化使实体产业自由的资本积累决策受到严重的外界干扰，这些自有的产业资本对自身增殖的兴趣逐渐降低。随着这些实体企业金融化程度一步步提升，"脱实向虚"的倾向产生自我强化，产业的自有资本脱离主营业务进入充满投资泡沫的虚拟经济部门中，企业的经营决策周期持续缩短。于是，对企业高管的激励以股权配送形式为主，更使这些高管人员的目标与股东同质化，造成企业金融化倾向更加严重。

另外，企业层面的金融化也使实体经济部门资本外流，挤出了实体企业的创新投入，使其自主创新能力的提升受到限制。如同西方发达国家的非金融企业与金融企业产生混业趋势后，实体产业资本获利提升，加上工业企业生产劳动力成本不断提升，市场环境复杂程度加剧，资本的趋利性使实体企业部门的产业资本脱离产业本身，进入收益率更高的金融资产投资活动。金融资产投资收益在企业所得中占比越来越高，金融市场获得资金后呈现过度繁荣，产品出现过度创新，又吸引了新一轮实体产业的资本进来投资。然而，这种脱实向虚的行为并不持久，经济中资金偏向进入虚拟经济部门，会造成实体经济部门的缺血，无论是扩大生产还是产品的创新研发，支撑经济的实体企业的发展空间会进一步受限。

图 3-5 分别显示了 1990~2022 年中国平均每家非金融上市企业金融资产①与收益性金融资产②随时间的走势。由图 3-5 可知，2008 年以后，非金融企业的收益性金融资产与总金融资产均迅速膨胀，尤其是总金融资产增长迅速，其规模扩张的速度高于收益性金融资产，在 2007~2017 年走势分化明显。但观察可发现，2017 年以后，收益性金融资产扩张速度有加快趋势，而且总金融资产规模的变化主要是收益性金融资产规模的变化导致的，在非金融企业金融资产变化的过程

---

① 根据中国注册会计师协会 2013 版《会计》规定，金融资产主要包括库存现金、银行存款、应收账款、应收票据、其他应收款项、股权投资、债权投资和衍生金融工具形成的金融资产。本数据在处理时将以上项目作为金融资产，同时将金融子公司的资产计入金融资产。

② 由于货币资金和应收预付款项是为生产性活动服务的，通常不产生资本增殖，本章将其作为生产性金融资产。而企业持有的交易性金融资产、持有至到期投资、可供出售金融资产和长期股权投资的目的是获取增殖收益，本章将这类资产作为收益性金融资产。

中，收益性金融资产逐渐占据主导地位。

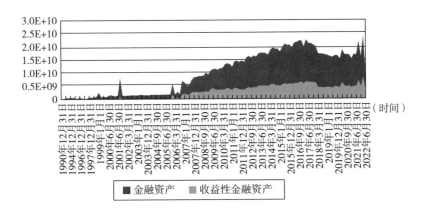

图 3-5 1990~2022 年平均每家非金融企业上市公司金融资产与收益性金融资产（元/家）

资料来源：CSMAR 经济金融数据库。

二、实体企业金融收益状况

图 3-6 显示了 2011 年 1 月到 2017 年 1 月中国非金融企业未包含财务费用中利息收入的金融收益与税前利润比率变化的趋势。由图 3-6 可知，该比例整体呈下降趋势，低于美国非金融企业的 50% 左右，并且自 2011 年到 2017 年呈下降趋势。实体企业的主要利润来源应该是主营业务收入，非金融企业投向金融资产的资金比重并没有带来长期稳定的收益，我国非金融企业金融资产以非增殖性的货币资金、应收预付款项为主，非金融企业的金融化更多呈现"伪金融化"状态，尽管其投入了大量资金到金融体系，却没有获得相应的回报。尽管中国实体企业金融化程度相对于美国等发达国家仍然不高，但由前文的分析可知，在 2017 年以前的一段时期内提升较为迅速，实体企业部门向金融部门投入的资金总量上升，但非金融企业从事金融投资的回报水平并未随之快速增长，与"企业积累利润的方式逐渐依赖于金融渠道"（Arrighi，2010）这一金融化的学术表述不完全相符。

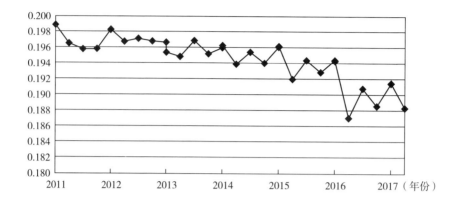

图 3-6 2011~2017 年非金融企业扣除包含在财务费用中的

利息收益后的金融收益与税前利润的比率

资料来源：CSMAR 中国上市公司数据库。

第三节 金融部门资金配置

虚拟经济作为现代经济的重要组成部分，其发展过程中越来越多地吸纳金融部门资金是必然的趋势。但是，当市场上流动性总量固定，一旦流向虚拟经济的资金增加，流入实体经济的资金就会相应减少。在金融史上，几次重大金融危机产生的原因均与虚拟经济过度膨胀以致产生泡沫经济脱不开干系，包括欧洲货币危机、20 世纪 90 年代东南亚金融危机、日本泡沫经济的破裂和 2008 年全球金融危机等。几次重大金融危机的发生，除对本国经济金融造成巨大冲击外，对周边国家、贸易金融联系紧密的国家，乃至全球金融均造成了极坏影响。2014 年李克强总理首次提出了要防范资金"脱实向虚"的问题，其中重要的一点就是促使信贷资金回归对实体经济的支持。不仅是实体经济部门，金融部门的过度"脱实向虚"也会对经济造成严重的不良后果，如资金在金融部门内形成堰塞湖，金融资产之间形成相互套利的网络导致资金在金融部门内部循环，无法进入实体经济，或导致资金进入实体经济的链条拉长，降低对实体经济支持的效率；再比如在房地产投资属性突出的阶段资金流入房地产部门而非制造业等纯粹的生产性部门可能会进一步催生房地产泡沫，不仅影响实体经济融资，也会影响经济金融的稳定运行。

一、货币供给与实体经济信贷规模协调性

近年来，中国市场中的货币供给量增长速度整体发展较快，2011~2015年平均的增长速度为22%。截至2015年末，中国社会融资规模增速为12.5%，总额为138.28万亿元，2016年末，社会融资规模增速为12.82%，总额为155.99万亿元。而2015年末，M2增速为13.34%，高于社会融资规模增速，流动性在虚拟经济部门形成堰塞湖，资金链条拉长。但不排除随着稳健中性货币政策的落实以及加强金融监管效应的显现，2015年来商业银行一些与表外产品相关的资金运用科目扩张放缓，由此派生的存款及M2增速也相应下降，M2增速放缓可看作金融体系降低内部杠杆的客观结果。2017年以后增长较为平缓，但2020年新冠肺炎疫情暴发后迅速升高，之后短暂回落，2021年后，以美联储为代表的全球央行大规模开启量化宽松，释放大量货币，在此背景下，我国M2增长率也不断走高。然而将M2和社会融资规模进行比对，二者增长速度并不匹配，2017~2020年，M2和社会融资规模增速保持较为稳定的关系。2020年后，货币供给量增速变化速度及幅度均大于社会融资规模，体现出新冠肺炎疫情带来的衰退中，货币政策逆周期调节的主动性。2022年以后，货币供给量迅速增长，社会融资规模却没有显著变化，表明增发的货币更多由外汇占款、财政投放，而非银行信用的派生，实体经济从金融系统获得的融资规模的总额并未因货币扩张而相应增加（见图3-7）。

二、金融机构信贷投放行业分布

表3-3给出了2013~2019年金融机构贷款在不同行业配置额度的分布情况。由表中数据可知，涉农贷款占比持续下滑，尽管多年来中央一号文件持续提出加强对"三农"、乡村振兴领域的金融支持力度，直至2019年，涉农贷款占比仍未停止下滑趋势。在此背景下，2022年2月发布的《中共中央　国务院关于做好2022

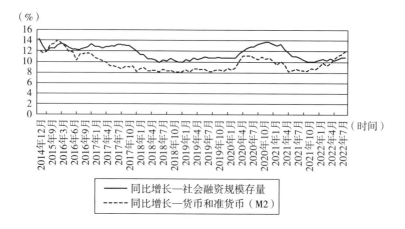

图 3-7　2014 年 12 月至 2022 年 7 月 M2 和社会融资规模增速

资料来源：中国人民银行网站。

年全面推进乡村振兴重点工作的意见》将"强化乡村振兴金融服务"单独列出，敦促金融行业加大对涉农领域的金融支持力度。尽管农业、林业、牧业、渔业不在本书研究的重点之列，其在实体经济中的地位仍占据绝对重要的基础性位置，金融部门"脱实向虚"倾向可见一斑。事实上，将 2019 年各行业获得贷款的占比与 2014 年进行对比，明显上升的一是信息传输、软件和信息技术服务业；二是房地产业；三是租赁和商务服务业；四是水利、环境和公共设施管理业。其中比例上升最明显的就是金融行业，金融机构向金融行业的贷款总额占比在 6 年间增长了 10 倍左右，2013 年仅为全部金融机构贷款的 0.4343%，2019 年增至3.8796%。房地产行业尽管只上升了约 0.1 个百分点，但 2019 年以前房地产行业获利仍然很高，产值也并未下降，故而并不能认为房地产行业融资量减少，而是该部门的营业利润巨大，相对于其他行业更能满足扩大再生产的需求，并且在"房住不炒"提出之前，房地产的投资属性持续增强，与各类非银行金融企业合作紧密，其资金来源渠道相对更广。因此，从本书所重点关注的金融行业和房地产行业来看，金融机构贷款流量均上升明显，尤其是金融行业，金融资源由金融机构流向其他金融机构，与前文中关于 M2 和社会融资规模的分析一致，即多发行的货币向实体经济领域的灌注量上升不显著，而在金融领域流转的链条在拉长。

表 3-3　2013~2019 年金融机构贷款的各行业占比情况（本外币余额）单位：%

项目	2013 年	2014 年	2015 年	2016 年	2017 年	2018 年	2019 年
农业、林业、牧业、渔业	1.2566	1.2927	1.1742	1.0641	0.9931	0.8810	0.8131
采矿业	2.8765	2.7438	2.5044	2.2252	1.9047	1.6539	1.4278
制造业	18.2665	16.8322	14.8291	13.2582	11.8796	10.8289	9.9928
电力、燃气及水的生产和供应业	5.3644	5.1567	4.8694	4.6794	4.7141	4.4937	4.2255
建筑业	3.4030	3.4742	3.2772	3.1030	3.1305	3.1717	3.1946
批发和零售业	9.8265	9.4308	8.7730	7.9525	7.2967	6.4681	6.0746
交通运输、仓储和邮政业	9.7508	9.9699	9.7017	9.2890	9.0960	8.7143	8.8141
住宿和餐饮业	0.7912	0.7849	0.7102	0.6357	0.5640	0.5142	0.4841
信息传输、软件和信息技术服务业	0.4093	0.3776	0.3925	0.4257	0.5043	0.5389	0.5524
金融业	0.4343	0.4752	3.2505	3.4155	2.8336	3.7546	3.8796
房地产业	6.1029	6.4450	6.2462	5.7772	5.8107	6.0543	6.1992
租赁和商务服务业	4.9693	5.3950	5.7380	6.6631	7.8105	7.9184	8.2314
水利、环境和公共设施管理业	5.5206	5.4018	5.1404	5.4817	6.0287	6.0100	5.9655
其他行业*	2.4411	2.5784	2.5758	2.2600	1.9000	1.6701	1.6314

注：*其他行业包括居民服务、修理和其他服务业，教育，卫生和社会工作，文化、体育和娱乐业，公共管理、社会保障和社会组织，科学研究和技术服务业，未包含对境外贷款。

资料来源：CSMAR 数据库。

观察实体经济中代表性行业——制造业获得的银行贷款份额。制造业获得的贷款在 2013 年约占全部行业的 18.27%，此后加速下降，到 2019 年已经下降至约 10%。2020 年后数据暂未更新，但可由上市银行财报数据略知一二。以招商银行为例，该银行在公告中积极响应国家支持制造业发展政策方针，2020 年年报中称"坚决贯彻落实国家政策要求，坚定支持实体经济发展，重点向战略性新兴产业和先进制造业投放信贷资源"，2021 年年报中称"本集团秉持'金融服务实体经济'原则，紧跟国民经济转型发展趋势，坚决贯彻落实国家政策要求，围绕新动能、优质制造业、区域优势产业、产业自主可控等行业领域投放信贷资源"。但根据其财务报表数据，对制造业贷款自 2013~2020 年与整个金融机构贷款趋势一致，7 年连续下降，从 2013 年的 17.68%一路滑落至 2020 年的 5.63%，仅 2021 年略微回升至 5.99%。与之形成鲜明对照的是，招商银行的涉房贷款余额（这里仅指对房地产业的贷款以及个人住房贷款）连年走高，增长迅速。同时，该银行房地产业不良贷款余额也增长明显，截至 2021 年底这一数据为 56.55 亿元，较 2020 年末的 11.9 亿元增长了近 4 倍。从招商银行的例子，结合近年来金融机构信贷投放行业分布的变化趋势，可见金融机构贷款流向方面，制造业与房地产业相去甚远且差距连年扩大，金融对制造业等实体经济产业的支持有待进一步增强（见图 3-8）。

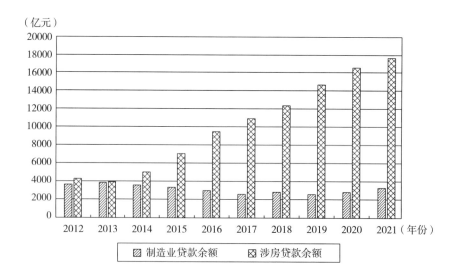

图 3-8　招商银行涉房贷款余额与制造业贷款余额

资料来源：招商银行财务报表。

第四章

经济金融化的成因

关于经济金融化的成因，可从实业层面、经营环境差异层面和金融层面进行分析。实体企业方面，在其他条件不变的情况下，如果经营成本上升，则盈利下降，实体为了应对盈利下降，就会选择投资金融资产。经营环境差异方面，如果金融产业高盈利、低污染的特点能够在一些地区获得较宽松的经营环境，则可能对这些地区虚拟经济和实体经济的结构产生影响，此外还有金融与实体企业税收负担层面的差异也可能对二者的平衡发展产生影响。货币金融层面，资产价格波动和流动性陷阱风险则可能使"脱实向虚"机制自我强化。本章将通过实证验证以上对经济"脱实向虚"原因的猜想。

第一节　实体企业层面原因

经济金融化的实体企业层面原因，主要可归结于实体企业过度进行金融投资，即金融化现象。Orhangazi 和 Özgür（2008）在针对美国实体企业进行研究后发现，非金融企业的过度金融化会使其实体投资部分下降。企业产生"脱实向虚"的倾向，过度配置金融资产，其用于进行扩大再生产投资的资金就会相应减少，金融投资会对资本积累造成"挤出"，也就是经济金融化的实业层面原因。韩国学者（Seo et al.，2012；Shin，2012）和土耳其学者（Akkemik & Özen，2013）的研究显示，非金融企业过度进行金融投资会降低其研发投入和生产投入，导致实体企业长期发展受阻，对经济长期发展不利。Crotty（1990）、Stockhammer（2006）等后凯恩斯主义学者则倾向于认为企业管理层投资时短视的原因是股东价值导向，管理层会倾向于配置更多的金融资产。

关于如何判断实体经济投资是否被挤出，可以对某些宏观经济指标进行观测，如金融业产值占 GDP 比重等，这种判断直观但缺乏微观基础，若要探究经济金融化的实业层面原因，需要回到微观层面。金融化体现在实体企业的微观表现时，应当能够观测到诸如实体企业原本的固定资产投资减少，同时金融投资增加的"挤出"现象。然而金融投资增加的同时资本积累减少不一定意味着企业出现了金融化的倾向，也可能代表企业在货币环境较为宽松的阶段，为预期将要到来的货币环境较紧的时期进行流动性的储备，即出于一种储备性的动机。当实体企业出于这种储备性动机来配置金融资产时，不会影响其未来对固定资产的积累，反之当企业存在金融化的倾向，出于替代性动机配置金融资产，则会对未来的实物资本积累产生"挤出"。本节将基于以上对企业配置金融资产的动机来对实体企业脱实向虚的微观成因进行分析。

一、相关背景及研究思路

图 4-1 为 2002~2019 年我国非金融企业部门金融交易资金来源和运用中与金融投资有关的部分。由图 4-1 可知，我国非金融企业部门金融交易资金来源于证券的部分加速增长。金融交易资金运用方面，用于证券投资的部分数据更新至 2016 年，该指标在 2008 年仅为 87 亿元，到 2015 年飙升至 7190.89 亿元，2016 年略有回落至 6361.31 亿元。而非金融企业部门金融交易资金运用于证券投资基金的部分同样增长迅速，2007 年该指标为 408 亿元，2016 年上升至 6361.31 亿元。非金融企业部门金融投资规模在 2013 年以后增长迅猛，产业资本与金融资本融合的趋势加剧，随着金融市场资产价格高企，实体企业的产业资本纷纷受到利益驱使，投到金融领域，并进一步助推了金融部门资产泡沫产生。在此背景下，人民银行、银保监会、证监会于 2018 年发布《关于加强非金融企业投资金融机构监管的指导意见》，为入"金"大门设置闸口，对非金融企业进行金融投资设置了严格的准入限制，以促进金融和实体经济良性循环发展，遏制在 2015~2017 年已经比较明显的实体企业"脱实向虚"苗头。在监管加码、经济形势变化等背景下，2018 年非金融企业部门金融交易资金运用中的净金融投资陡降，但 2019 年略有抬头。2022 年，在新冠肺炎疫情的影响下，相当一部分实体企业经营困难，但银保监会仍然坚持规范与发展并重，提出加强非金融企业投资金融机构的监管，筑牢防火墙，足见实体企业"脱实向虚"、过度地金融化对于经济结构的严重危害以及监管部门对这一问题的重视程度。

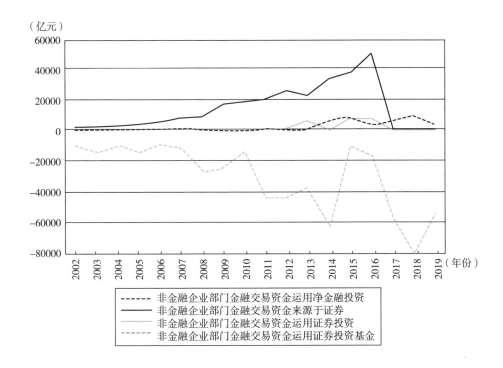

图 4-1 2002～2019 年我国非金融企业部门金融交易资金来源与运用情况

资料来源：国家统计局。

图 4-2 给出了 1990～2022 年国内非金融上市公司所持有的总金融资产价值和全部金融资产占公司总资产比重的走势。由图 4-2 可知，非金融企业金融资产持有总值 2005～2017 年始终保持较快上升，2014 年后速度加快，2016 年后，非金融上市公司持有金融资产总额增长速度较前期更有明显提升，呈现阶段性加速的特征。2018 年，人民银行、银保监会、证监会联合出台《关于加强非金融企业投资金融机构监管的指导意见》，非金融企业持有金融资产总量骤减。从金融资产占总资产的比重来看，2004～2009 年持续下降，2009 年达到最低值，但此后开始回升，2011 年到 2013 年保持平稳，此后平缓上升，至 2017 年底已上升至23.23%，涨势明显，2018 年后突降，2022 年 3 月回落至 10% 左右。

比较图 4-1 和图 4-2 可知，2017 年以前，非金融企业的金融资产总规模上升较快，即使在经济进入新常态后 GDP 增长速度放缓，2015～2017 年前后非金融企业金融资产上市反而呈现加速增长。在经济进入新常态后，GDP 增长放缓，但非金融企业金融资产持有规模依然加速增长，即在非金融企业的主营业务可能面临更加严峻的形势下，为维护资产负债表，企业逆势增加自身金融资产持有。就非金融企业无论经济状况如何，均大量增加其金融资产持有的趋势来看，与学术界所分析的非金融企业金融化的趋势即可能的动机一致（Stockhammer，2004；Krippner，2005；孟飞，2007；Orhangazi，2008；蔡庆丰和宋友勇，2009）。根据前文的分析，非金融企业过度的金融化是经济脱实向虚在微观层面的一种体现，这种金融化达到一定程度就会挤出实体经济的投资，损害实体经济的发展。本节要研究的问题为非金融企业为何会出现过度金融化现象，即经济金融化在实体企业微观层面的成因。

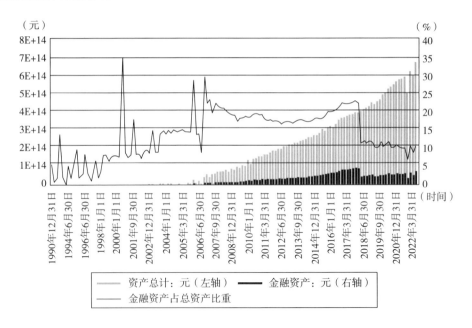

图4-2 1990~2022年国内非金融上市公司金融资产及金融资产占总资产比率变化

资料来源：CSMAR数据库。

本节中选取非金融、非房地产行业中最具有代表性的实体产业——制造业作为研究对象。近年来，制造业企业面临着由于人口红利下降引起的劳动力成本上升、环保成本上升、创新回报率降低、销售环境劣化等各种不利环境因素，制造业企业发展主营业务的形势始终较为严峻①。就收益方面来看，制造业行业利润率不断降低，尤其是相对于金融业和房地产业而言，据统计，金融行业利润率是制造业利润率的 4 倍以上。在金融业利润相对较高的情形下，越来越多的制造业企业选择将资金投到金融资产上，以谋取短期获利②。根据统计，制造业企业进行金融投资获取的收益率远高于其自身的主营业务收益率，因此，随着金融业和房地产业的火爆，经济发展步伐的放缓，制造业金融化现象越发明显，这些现象正是经济整体金融化的微观基础。当金融资产投资成为非金融企业获利的重要来源，势必对其进行生产性投资造成挤出。近年来，全球经济进入下行周期，受到各种冲击影响，制造业金融化是一个全球性的经济现象。受到需求端冲击，制造业企业面临利润空间压缩、生产各项成本上升、资金链紧张的不利条件，进行金融投资可以保持盈利性和流动性、提升企业声誉缓解融资约束。然而从长期来看，过度金融化对制造业企业的长期发展不利，损伤实体企业经营的核心竞争力，甚至使整个产业落入"空心化"的窠臼③。一些发达国家已经意识到了过度金融化带来问题的严重性，如美国的重振制造业计划，矫正过度金融化带来的负面影响。在当前中国经济也处于内部、外部发展环境变化的"双循环"发展格局下转型升级的关键阶段，研究出非金融企业金融投资的内在动因，有助于分析经济脱实向虚的微观基础，并提供破解思路。

二、研究方法和数据

1. 研究设计

基于理论分析与机制梳理，本书拟选取以下变量建立模型：被解释变量为制

---

① 制造业利润率税后投资回报率从 20 世纪 90 年代中期在 15% 以上，下降到 5% 左右。中小企业利润率下滑到 3% 以下。21 个行业出现了产能过剩：钢铁 21%，汽车 12%，水泥 28%，电解铝 35%，不锈钢 60%，农药 60%，光伏 95%，玻璃 93%。中国制造业平均有近 28% 的产能闲置，35.5% 的制造业企业产能利用率在 75% 以下。

② 银保监会数据显示，即使在宏观经济减速的 2011 年，商业银行的净利润同比增长 36.3%，银行净资产收益率（ROE）超过 20%。

③ Julie F, Colin H, Sukhdev J, Karel W. Shareholder Value and Financialization: Consultancy Promises, Management Moves [J]. Economy and Society, 2000, 2 (29): 80-110.

造业企业的金融化程度，计为 FIN。解释变量包括衡量制造业企业进行金融投资收益的制造业企业的投资收益水平，计为 RI；衡量制造业企业主营业务收益的主营业务收益，计为 RE；衡量制造业企业获得资金能力的融资能力指标，计为 FA；表示机构大股东对公司控制强度的指标为 CI；表示企业的创新能力的指标为 IL。除以上列出的变量外，还有许多变量可能对制造业企业金融化程度产生影响，所以模型设定可能出现遗漏变量问题。为了解决遗漏变量给模型估计结果带来的偏误问题，这里使用面板模型来减少遗漏变量对估计结果的影响。由于变量之间的关系并非一定为线性的，本节将采用非参数逐点回归方法对模型进行估计，并通过与面板数据模型的对比来选出最贴近现实的模型。在模型估计结果分析之后，本节还将基于样本分类来对实证结果进行稳健性检验。

另外，借鉴谢家智等（2014）的做法，这里将主营业务收益变量和金融投资收益变量的滞后项引入模型，用以表示企业对这两个指标的预期，AIC 准则检验结果表明滞后一阶为最佳滞后阶数。综上所述，本节设定回归模型形式如式（4.1）所示：

$$FIN_\alpha = \alpha_i + \beta_1 RE_\alpha + \beta_2 RE_{it-1} + \beta_3 RI_{it} + \beta_4 RI_{it-1} + \beta_5 IL_{it} + \beta_6 FA_i + \beta_7 CI_{it} + \varepsilon_{it} \qquad (4.1)$$

2. 指标选取与数据说明

（1）金融化程度（FIN）。这里参考 Orhangazi（2007）和 Demir（2009）的做法，采用制造业企业金融资产总额占其总资产的比例作为衡量其金融化程度的变量。关于金融化和金融化程度的度量，Stockhammer（2004）、Crotty（2005）和 Epstein（2005）分别采用企业利润分配比例、金融费用支出、金融投资收益等指标来进行衡量，本章采用金融资产与总资产之比，对制造业企业金融化的程度有更直观的度量。金融资产在资产负债表中包含多个款项，如交易性金融资产、投资性房地产、持有至到期投资以及发放贷款及垫款等。

（2）主营业务收益指标（RE）。在非金融企业的主营业务利润下降与金融投资利润上升之间，学者普遍认为是主营业务利润的下降导致非金融企业过度金融投资[①]。但是对企业过度追逐金融资产投资方面，多数研究仅考虑结果，而未思

---

① Greta R. Krippner. The Financialization of the American Economy ［J］. Socio-Economic Review, 2005, 5（3）: 173-208.

考导致企业做出决策的动机,即忽略了企业主营业务利润率如何影响企业做出金融投资决策。本书认为主营业务利润下降时,企业对未来主营业务收益的期望降低,出于替代性的投机动机,会增加金融资产投资。故本书在建立实证模型时将预期因素引入回归方程,借鉴阳小晓等(2004)的做法,将滞后一期的收益率变量作为企业对未来收益的预期,这一设定符合适应性预期理论。本书将采用主营业务收入与营业收入之比作为代理。

(3)投资收益水平指标(RI)。由于企业的投资收益组成复杂,金融投资与投资性收益难以一一对应,已有文献中采用投资收益率作为投资收益水平并不多见。事实上,金融投资收益升高对于刺激非金融企业进行金融投资的作用已有大量统计数据证明。多数文献度量金融投资收益的指标只能近似,如 Stockhammer(2004)在度量投资收益水平时采用了利息与股息收入之和占企业总收入的比重。鉴于中国上市公司披露的报表中不含投资收益率一项,这里借鉴谢家智等(2014)的做法来计算投资收益率,即采用投资收益与上一期金融资产之比进行近似处理。根据谢家智等(2014)的结论,这种近似得到的投资收益水平衡量较为准确。

(4)企业创新水平指标(IL)。多数文献对于企业创新的衡量采用 R&D 投入,即研究开发投入。但本书认为,R&D 投入仅为投入,并不能反映企业创新的结果,对于企业创新"能力"的衡量不甚准确。故而本书选取无形资产的增长来度量企业创新的结果,相较之下更能突出反映企业的能力而非投入力度,这与鞠晓生等(2013)的文献中一致。并且本书研究的样本中,并非所有企业的R&D 数据都能够获得。制造业企业的无形资产中主要包括了商标权、专利权、非专利技术等,从具体包含的项目来看,无形资产中对制造业企业创新能力的体现比较明显,可以作为制造业企业创新能力指标的替代。故而本书中将企业创新水平指标 IL 定义为无形资产的增加值与总资产的比值。

(5)机构投资者控制强度指标(CI)。在机构投资者控制强度的度量方面,相对于 Lazonick 和 O'sullivan(2000)、Crotty(2005)等的研究中认为机构投资者的存在加强了普通投资者对企业控制者的谈判能力,故而使企业股东与企业高管的目标趋于一致,本书认为机构投资者对企业的控制加重了企业管理者的短视化。由于控股股东、公司高管与股东的经营目标并不一致，通常公司高管与控股股东希望公司长期盈利，而机构投资者多数非长期持有股票，经营目标具有一定短期特征，故而非控股大股东对于企业的控制会促进企业经营目标短期化，更容易采取投机的做法，投资金融资产。但当研究样本为 A 股上市公司时，采用机构投资者持股比例来衡量控股股东与非控股机构投资者之间的对抗关系并非合理，直接采用机构投资者的持股比例可能会低估个人投资者的影响。因此，本节拟采取第二大到第十大股东的持股比例（CI）作为机构投资者对公司控制强度的衡量。本书中机构投资者包含了几种不同类型，不仅指其他金融机构，还包含了个人大股东和非金融机构投资者。

（6）融资能力指标（FA）。本节拟加入制造业上市公司的融资能力指标，以上市公司的资产负债率指标衡量制造业上市公司的融资约束。国内上市公司在投资金融资产时主要采用债务资金，而债务资金的主要获得渠道为银行贷款，故而资产负债率能够较好地衡量企业总体的融资能力。这里与方明月（2011）的做法一致。

本书选取中国制造业上市公司为研究样本，样本区间为 2007～2021 年，剔除了数据缺失，以及退市、停牌等原因造成的数据区间不完整的样本，除此之外，还借鉴谢家智等（2014）的做法，对变量取值在最小 5% 以及最大的 5% 取值的公司用 Winsorize 方法进行了处理，最终共获得样本 9738 个。相关指标的数据均查询自 CSMAR 经济金融数据库。

表 4-1 列出了样本的描述性统计。将表 4-1 中所列出的 FIN 的统计结果与 Demir（2009）的研究中所列出的阿根廷、墨西哥等国家的企业金融化程度结果相比，结果表明，中国的制造业金融化程度相对于阿根廷、墨西哥等国家较高，但与美国、英国等发达国家的非金融企业相比较（Dumenil 和 Levy（2004）的研究中表明，美国企业这一指标的平均值大约为 20%），这一指标的平均值相对略低。RI 变量的均值为 11.36%，这一均值要远远高于主营业务收益率 RE 的平均值 5.25%，即金融投资给制造业企业带来的利润要远高于主营业务。就其他变量的标准差、最小值、最大值来看，上市公司样本之间的各变量差异非常大。

表 4-1 主要变量的描述性统计分析

变量	平均值	标准差	最小值	最大值
FIN	0.0910	0.1215	0.0000	0.5995
RE（RE_ 1）	0.0525	0.0792	-0.2523	0.3193
RI（RI_ 1）	0.1136	0.3208	-0.2929	0.8753
IL	-0.0198	0.0356	-0.1905	0.3254
CI	0.5866	0.2030	0.0147	6.1523
FA	0.1098	0.0523	0.0029	0.5036

注：表中数据为 Winsorize 处理后的结果。

三、实证结果及分析

本部分选取的样本数据类型为面板数据，鉴于所选择变量时间跨度较长，为了避免时间序列数据的自相关影响，这里采用稳健的聚类标准差来修正。为了在固定效应模型与随机效应模型之间进行选择，这里做了 Hausman 检验，结果 P 值为 0.012，小于显著性水平 0.05，可以认为拒绝原假设，数据更加适合采用固定效应模型。但考虑到在样本选择的过程中剔除了相当一部分样本，使样本更类似于随机抽样获得，故而下文将同时采用固定效应模型与随机效应模型估计，并将结果列出进行对比。同时考虑到变量之间可能存在的非线性关系，本节也采用了非参数逐点回归方法来对模型进行估计，将非参数逐点回归模型系数估计结果的均值在表 4-2 中列出。

表 4-2 参数和非参数回归结果

变量	模型 1 随机效应模型	模型 2 固定效应模型	模型 3 非参数逐点回归
RE	-0.0291 * （-1.2790）	-0.0253 （-1.0845）	-0.0683
RE_ 1	-0.0345 *** （-3.0925）	-0.0285 *** （-3.4556）	-0.0236
RI	0.0248 *** （2.7833）	0.0143 ** （2.2351）	0.3818

续表

变量	模型1 随机效应模型	模型2 固定效应模型	模型3 非参数逐点回归
RI_ 1	0.0336 *** （3.8991）	0.0348 *** （4.7232）	−0.1030
IL	−0.0554 （−0.9020）	−0.0429 * （−1.8375）	−0.0587
CI	−0.0388 *** （−3.0749）	−0.0416 *** （−3.2387）	−0.0486
FA	0.0600 *** （3.9023）	0.0495 ** （1.9905）	0.0638
c	1.9025 *** （11.8187）	1.0089 *** （14.5236）	—

注：*、**、***分别表示在10%、5%、1%水平上显著。

根据表4-2，无论是采用固定效应、随机效应还是非参数逐点回归方法对模型进行估计，系数的符号都是一致的，并且非线性逐点回归估计结果的均值与面板数据模型的符号一致，表明线性回归的结果是可以采用的。由第3列可知，主营业务收益率变量不显著，但模型1中该变量系数显著且估计值与模型2中相近。就各系数符号来看，三种估计方法下系数符号完全一致，主营业务利润率系数为负，与预计一致，表明在其他条件不变的情况下，当制造业主营业务利润率上升时，制造业企业金融化的程度会有所下降。反之，金融投资利润率的系数符号为正并且显著，证实了猜想，即金融投资收益的提升的确会刺激制造业企业进行金融投资，从而降低了原本应作为生产投资的资本投入。就引入的滞后项系数来看，只有长期的主营业务利润率升高，即整个行业长期的经营环境有所改善的情况下，才会使企业选择减少金融投资，抑制企业投资金融资产的行为。与此同时，短期的金融投资利润率上升即可吸引企业增加金融资产的投资，从侧面表明金融资产投资收益率的上升对企业脱实向虚的强化作用强于企业主营业务利润率的上升对金融化进程的抑制作用。就原始数据本身而言，2007~2021年制造业上市公司平均主营业务利润率只有5%左右（见表4-1），与之形成鲜明对比的是，表4-1中显示，样本企业在样本区间内的投资收益率高达11.36%。就变化趋势来看，制造业主营业务收益率未见明显上升趋势，但金融资产投资收益率存在比较明显的上升趋势。主营业务收益率的未来变动趋势不明朗，则制造业企业对未来主营业收入利润率的预期并不明显乐观，反之金融资产投资收益率始终保持稳定上升，企业对其预期也长期保持乐观。就其他变量的系数而言，反映企业创新能力的无形资产变量的系数为负，说明在其他条件不变的情况下，创新能力的提升的确有助于企业减少金融化的投资行为，但系数绝对值很小，说明创新能力的影响不大。推测其原因一是创新能力仅代表盈利能力的一个方面，创新成果应用于实际生产仍然受其他因素影响；另外，中国制造业企业在技术创新方面相对更加依赖技术引进和外商直接投资，这或许使制造业企业自主创新的动力受到一定影响①。自主创新的意愿受到影响，导致制造业企业的自主创新在其盈利能力方面的影响降低，即便自主创新能力提升，短期内也无法转换成现金流②。企业融资能力指标系数估计值在三个模型中均为负，与推断结果相同，当企业融资能力较强时，更不容易面临资金短缺需要依靠金融投资来维持现金流的情况。由于制造业上市公司多为规模较大的企业，获得银行贷款能力较强，其债务也多数来源于银行贷款，故而可认为，从银行获取贷款相对容易的企业更加倾向于过度金融化③。机构投资者控制强度的估计系数为正，表明机构投资者对制造业上市公司的控制强度越高，企业反而更容易产生短视，经营目标短期化的结果就是金融投资挤出生产性投资，金融化现象出现④。这一结果也说明了机构投资者在股票市场上更倾向于操纵企业获取短期利润，投机动机明显⑤。

---

① 毕克新，杨朝均，艾明晔.外部技术获取对中国制造业技术创新的影响研究——基于创新投入产出的视角［J］.工业技术经济，2012（11）：55-61.

② 肖德云，胡树华，戴勇.中国制造业自主创新能力综合评价［J］.管理学报，2010，7（7）：1008-1014.

③ 张兆国，曾牧，刘永丽.政治关系、债务融资与企业投资行为——来自中国上市公司的经验证据［J］.中国软科学.2011（5）：106-121.

④ 宋建波，高升好，关馨娇.机构投资者持股能提高上市公司盈余持续性吗？——基于中国A股上市公司的经验证据［J］.中国软科学，2012（2）：128-138.

⑤ 张敏，王成方，姜付秀.中国的机构投资者具有治理效应吗？——基于贷款软约束视角的实证分析［J］.经济管理，2011（4）：16-23.

四、稳健性检验

为了观察在其他情境下以上结果是否稳定，需要对以上结果进行稳健性检验。稳健性检验的方法通常有以下几种：更换解释变量或者被解释变量的衡量方法；更换研究年度期间；排除其他替代性解释；根据近年来文献发现可能有些因素会影响实验结果需要增加新的控制变量；更换新的计量方法如混合截面；固定效应等；根据潜在的样本选择偏差或者内生性、遗漏变量等问题，进一步采用 psm、处理效应、工具变量等方法处理。本节拟采用将样本数据分组的方法来进行结果的稳健性检验。

为观察实证结果的稳定性，拟采用样本分组的方法来进行稳健性检验。这里依据企业的国有和非国有属性、高新技术与非高新技术属性分别将样本分为两组，模型设定相同，同样采用固定效应模型、随机效应模型来对模型进行估计，估计结果在表 4-3 中列出。观察表 4-3 可知，各变量系数的符号与表 4-2 中各变量系数符号基本一致。国有企业组中，主营业务利润率系数不显著，表明国有企业的生存发展并不完全依赖于其自身经营状况，与国家政策关系很大。除此之外，国有企业组和非高新技术企业组创新投入变量的系数也不显著，原因推测为国有企业组创新行为激励较小，故而创新活动对企业自身盈利能力和存续能力正面影响不显著，进而对金融投资决策影响不明显。

表 4-3 稳健性检验结果

变量	模型 4	模型 5	模型 6	模型 7	模型 8	模型 9	模型 10	模型 11
	国有企业		非国有企业		高新技术企业		非高新技术企业	
	随机效应	固定效应	随机效应	固定效应	随机效应	固定效应	随机效应	固定效应
RE	-0.0039	0.0015	-0.0388**	-0.0323***	-0.0199**	-0.0180*	-0.0182	-0.0139
	(-0.42)	(0.17)	(-2.90)	(-4.78)	(-2.19)	(-1.76)	(-1.16)	(-0.28)
RE_1	-0.0279***	-0.0198***	-0.0529**	-0.0345***	-0.408***	-0.0405***	-0.0381**	-0.1926*
	(-3.60)	(-2.62)	(-2.96)	(-3.44)	(-3.64)	(-2.93)	(-2.01)	(-1.95)
RI	0.0189**	0.0239**	0.0053	0.0033	0.0217***	0.0281***	0.0091	0.0082
	(2.97)	(2.05)	(0.39)	(0.86)	(4.02)	(2.92)	(1.01)	(0.70)
RI_1	0.0256***	0.0297***	0.0130***	0.0236**	0.0200***	0.0179***	0.0295***	0.0423***
	(3.47)	(4.35)	(3.03)	(2.53)	(4.33)	(3.25)	(4.28)	(4.65)

续表

变量	模型 4	模型 5	模型 6	模型 7	模型 8	模型 9	模型 10	模型 11
	国有企业		非国有企业		高新技术企业		非高新技术企业	
	随机效应	固定效应	随机效应	固定效应	随机效应	固定效应	随机效应	固定效应
IL	−0.0318	−0.2097	−0.0910	−0.0723 *	−0.0188	−0.0352	−0.0526	−0.0714
	(−0.25)	(−0.13)	(−1.24)	(−1.77)	(−0.92)	(−1.92)	(−0.79)	(−1.15)
CI	−0.0699 ***	−0.0810 **	−0.0435 ***	−0.0223 **	−0.0602 ***	−0.0683 ***	−0.0719 ***	−0.088
	(−5.37)	(−2.44)	(−4.93)	(−2.47)	(−6.53)	(−2.69)	(−3.73)	(−1.45)
FA	0.0414 **	0.0435	0.0526 **	0.0928 *	0.0057	0.0112	0.1116 ***	0.1573 **
	(3.11)	(1.48)	(2.87)	(1.90)	(0.30)	(0.11)	(4.34)	(2.62)
c	0.0929 ***	0.0798 ***	0.0801 ***	0.8257 ***	0.0902 ***	0.0820 ***	0.1073 ***	0.1490 ***
	(9.84)	(9.83)	(13.00)	(8.90)	(29.31)	(11.48)	(9.42)	(6.16)

注：＊、＊＊、＊＊＊分别表示在 10%、5%、1% 水平上显著。

本节基于对经济金融化的实体经济企业层面微观基础的分析，从理论角度和实证角度分别回答了实体企业金融化行为的存在性和金融化决策产生的动机。实证部分，本节选取 2007~2021 年制造业上市公司作为研究样本，以金融化程度为被解释变量，解释变量包括主营业务利润率、金融投资收益率及二者的适应性预期，以企业创新能力、融资能力和机构投资者控制强度等为控制变量建立回归模型，分别采用固定效应模型、随机效应模型和非参数逐点回归方法对模型进行估计。实证结果表明，制造业上市公司金融化的内在原因主要是对主营业务利润率的悲观预期以及金融投资收益率的高企，制造业企业创新能力总体不足，不能有效通过创新抑制企业经营目标的短期化；机构投资者对企业的控制也对其金融化的进程起到助推作用。

第二节　经营环境差异层面原因

金融与实体经济发展的平衡需要二者经营环境的相对平等。然而，过去一段时间一些地方政府在 GDP 目标的影响下，强调金融行业在拉动增长方面的作用，追求建设金融中心，以各类优惠吸引金融企业入驻，一定程度上对当地经济金融化起到了推波助澜的作用。2017 年全年，我国金融业增加值占全国 GDP 总量的 8% 以上，这一比重已经接近很多发达国家，如美国的金融业增加值占 GDP 比例为 8.5%，日本比美国低。中央提出金融要回归实体经济，防控经济"脱实向虚"，也是基于我国银行的利润总额占全部上市公司利润的一半以上这一背景。而金融行业由于盈利能力强、对环境影响小，金融企业在部分地区的发展经营环境仍是较为宽松的，如在包商银行事件后一些观点所认为的，一些城商行在这一阶段的无序扩张，并未能给当地实体经济的发展提供非常有效的支持。同时在税收方面，实体企业和金融企业之间也曾经存在一定的差异，这一差异已随着不断出台的针对实体经济减税降费政策大大弥合，但金融向实体经济让利仍任重道远。如果实体企业与金融企业经营的客观环境存在差异，难免导致实体企业经营目标短期化，出现金融化的现象。本节将从地区经营环境差异和实体企业与金融企业税收方面的差异这两个方面入手进行分析。

一、地方经营环境差异的影响

地方经营环境对金融资源分布的影响作用不可忽视。改革开放以后，由于财权下放，中央政府通过将诸多财政收入权力下放给地方政府，地方政府获得了更多财权与事权。并且，地方政府在配置土地、碳排放量等资源方面获得了相应权利，使地方经济的发展与资源获取带有了一定政府竞争色彩。从 1980 年以后财权分置实行，财权事权发生分离，地方政府获得了一些自主征收的税种，并能够将自主征收的税金用于当地经济的发展中。与此同时，地方政府须在财政收入总额中拨出一定比例交给中央政府统一分配，因此，地方政府最终获得的可支配资金同其获得的总税收呈正相关。因此，事实上财权分值改革也在一定程度上促进了地方政府的财税竞争，进而促使其进行金融资源竞争。20 世纪 90 年代分税制改革后，中央和地方政府的财政收入和税收收入分配格局发生巨变，其中地方政府获得的财税收入的比例进一步下调，中央政府获得了更多的财税收入，故而地方政府的财政支出短缺，财政压力明显增加。由于公共服务获得中央政府帮助较少，地方政府必须分出更多的财政收入进行公共设施建设、提升公共服务水平，相对地，可用于发展经济、招商引资的部分就会减少。然而，在这一历史阶段，地方政府考核制度仍然以 GDP 为最重要的指标，在可用于发展经济、招商引资的收入减少的情况下，为了保证政绩，并获取财政奖励，地方政府无力对当地实体经济给予更多的财政支持，只剩下吸引金融企业入驻，依靠金融行业成型快的特点来保证地区 GDP 增长率。尤其是全球金融危机之后，经济形势不明朗，地方政府为了抵御可能发生的经济萎缩，通过建立地方政府融资平台来过度竞争金融资源。

地方政府对金融资源竞争的一个重要方面，就是对银行信贷资金占有率的竞争，其所采用的手段主要是利用政府职能对本地区商业银行信贷分配计划产生影响。近年政府间财税体制改革，出现了中央政府下放财权与收入的趋势，并确定了"划分收支、分灶吃饭"等具体的改革基调，随后，地方政府能够获取更丰富的资金为发展本地经济做出努力。与此同时，金融行业对地方经济增长的拉动效应始终相对明显。在当地企业不再大部分依赖财政拨款，银行信贷成了地方企业融资的主要来源，这种情况下，地方政府为了促进企业发展，扩大其经营规模，运用其职能和权力对当地商业银行配置信贷资源的决策产生影响，使更能带动地方收入增长的企业获得更丰富的信贷资源。

在经济转型升级之前，以投资为经济拉动主要动力的情况下，金融资源对于地方政府的意义不言而喻。争取金融企业落地越多、银行信贷配给额度越高的地区，其 GDP 增长率往往更高。并且，金融企业本身对于资本的吸引能力也在不断增加，故而，当地区内增加了一所金融机构，该地区的融资能力就会得到一定程度的加强。由此决定地方政府对 GDP 的追求必然要落实到对金融企业、金融资源的获取上。表现为全国各地区竞相建设金融资金，提供各类优惠政策吸引金融企业落地，在本省或外地建立了很多城市商业银行，并吸引其他总部在外地的金融企业到本地设立分支机构，并且鼓励在本地成立各种金融机构，如证券基金公司、银行、保险公司、小额贷款公司等，这种竞争也是造成影子银行繁盛的一大原因。

无论是金融资源还是自然资源，包括各种人才资源，在各地区之间流动的一个重要影响因素即政府之间的竞争。当经济体制不相同时，政府干预金融机构在地区间分布的机制也不同。例如，当经济为计划经济时，主要由政府直接进行分配，当经济为市场经济时，则政府通过政策吸引、宏观调控等方式来影响金融资源分布，地方政府竞争格局将深刻影响金融资源分配的格局。以市场规律而言，资源往往按需求配置，资金会从使用效率较低的地区转移到使用效率更高的地区，这是因为低使用效率使资本获利更低。由于资本的趋利性，会向能获得更高利润的区域转移，这样能够避免资源错配，实现了资本获利的最大化。但是由于我国金融结构的特点，国有银行持有的资金总额规模最大，如国家控股的银行以及国家开发银行、农业发展银行等，截至 2021 年 6 月，其资产规模占全部上市银行的比例高达 61.71%，不仅如此，很多商业银行、地方性银行等均有政府股份或是由国有银行控股。在这种金融资源分配的框架下，金融机构的地区间分布、国有银行信贷配给的地区间分布，难免受到地方政府之间竞争的影响。

Boyreau-Debray 和 Wei（2003）的研究表明，中国的金融资源分配有一定特殊之处，西方国家除政府参与程度较低外，政府干预效率也较低，中国政府的参与则会对资源分配起到较大影响。地方政府有促进当地经济发展的责任，为当地企业融资也成为政府工作的一部分，故而其显性或隐性的调控手段则影响了资金按照市场规律转移分布（张庆君等，2014）。还有一些学者计算了全国各地资金获取总量与其资金使用的效率，将两者进行比较，以此研究政府干预在这些资金地区间配置时发挥的作用，如蔡隽（2007），卢颖和白钦先（2009）等。这些研究采用当年的 GDP 增加值和贷款余额增量之比表示金融资源的产出效率，以本省的各项金融机构贷款余额占地区生产总值的比重来表示当地获取的金融资源总量，经过研究得到结论：同等条件下获取信贷资金比例越高的省份，其这部分资金获得的收益反而更小，也就是信贷在各地区间的分配未能实现规模效应，即并未达到最高的分配效率，由上文的分析可知，原因在于地方政府对资源配置所进行的显性或隐性的干涉。王鑫（2014）在研究各省之间金融资金的供给和需求关系时，采用了当地银行的存款与贷款之比反映市场状况，在刻画金融市场成熟度时，选取了金融机构贷款余额占当地国内生产总值的比重来反映，对于各省金融资源配置的效率的计算则采用了数据包络分析方法。测算结果表明，金融资源的分布当前不存在规模效应，经济发展水平更高的省份拥有更多的金融资源，其利用效率并不理想，但经济发展水平相对低下的地区则相反。

近年来，中国金融业规模迅速增长，机构数量持续上升，机构类型分工更加明确，业务更加精准和精细化，金融衍生品以及各类不同于传统证券产品的业务发展迅速，经济增长对于金融资源的依赖性也逐步提高。这样一来，在衡量各地获得的金融资源时，以当地银行贷款余额总量来衡量是不够全面的，所以本节拟选取更全面衡量地区融资规模的指标——社会融资规模来代表各省份所获得的资金。社会融资规模指标最初于 2011 年被提出，它的动态情况可以从整体上反映某地区某时间段内占用的金融资源总量。图 4-3 中给出了全国社会融资规模总量与国内生产总值在 2003～2021 年的变化情况。由图中曲线走势可知，社会融资规模的增长对于国内生产总值增速的上升起到先导作用，在 2011 年之前，这种先导作用十分明显。然而在 2011～2015 年，两个指标的走势开始呈反向变动，也就是说，获得的金融资源总量上升，对于经济增长的作用效率在降低。如同前文所分析的，这个阶段我国经济整体金融化的程度加深，每当社会融资规模上升，GDP 增速却在当期即呈下降趋势，一定程度上反映了地区金融资源过度增长所带来的负面影响，虚拟快速增长的同时，经济总体增速却下滑，金融化带来的负面影响显现。表 4-4 以金融化速度较快的 2017 年为例进行分析。

根据表 4-4 中的数据，就整体而言，各省份对金融资源的利用效率差距较大。对各地政府对资源分布的干预程度而言，本书参考蔡隽（2007）、王鑫（2014）等，以资金规模与资金利用效率排名差异程度来表示当地政府对于金融资源分布的干预强度。金融资源理论上来讲具有规模效应，当某地区占有金融资源较多时，相应地，该地区经济发达程度也更高，对于资金的利用效率也应当更高，如果排名未能体现出这种关系，则说明政府对于金融资源流动的干预程度较重。

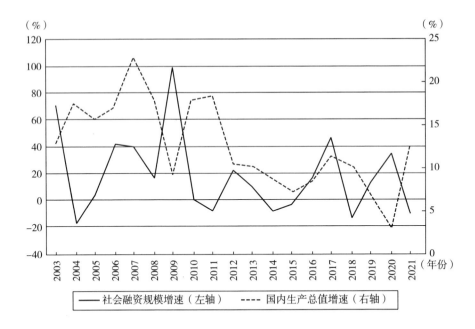

图 4-3 2003~2021 年全国社会融资规模增速与 GDP 增速

资料来源：国家统计局。

表 4-4 2017 年各省份金融资源规模与利用效率排名

省份	金融资源规模（亿元）	排名	地区社会融资规模/地区 GDP	排名
广东	22091	1	0.2415	14
江苏	15244	2	0.2085	23
浙江	13331	3	0.2633	9
上海	11748	4	0.3182	3
河北	8346	5	0.2388	15
北京	8255	6	0.2850	6
四川	7391	7	0.2250	17
湖北	7281	8	0.2214	18
安徽	7038	9	0.2524	11
河南	6802	10	0.1880	28
湖南	6430	11	0.2100	22
陕西	5926	12	0.2650	8

续表

省份	金融资源规模（亿元）	排名	地区社会融资规模/地区 GDP	排名
江西	5347	13	0.2582	10
福建	5263	14	0.1903	26
云南	4268	15	0.2521	12
贵州	4046	16	0.2982	5
辽宁	3936	17	0.2051	25
重庆	3719	18	0.2179	20
广西	3421	19	0.2063	24
山西	3203	20	0.2386	16
云南	3151	21	0.2122	21
新疆	3039	22	0.2839	7
甘肃	2894	23	0.1508	30
天津	2790	24	0.1899	27
黑龙江	2394	25	0.3018	4
内蒙古	2104	26	0.1762	29
吉林	1568	27	0.1502	31
青海	1208	28	0.6283	2
西藏	1019	29	0.9461	1
宁夏	865	30	0.2437	13
海南	856	31	0.2207	19

资料来源：中经网分省宏观年度库。

表 4-4 数据显示，在金融规模相比实体经济扩张更快的 2017 年，金融资源较为丰富的六个省份分别是广东、江苏、浙江、上海、河北、北京，六省份之和与全国金融规模相比，占比超过了 2/5。金融资源丰富的省份均处于经济发达地区，并且，北京和上海的金融资源规模分别排在第 6 位和第 4 位，这两个地区的金融资源利用效率分别排在第 6 位与第 3 位；但其他金融资源规模排名靠前的省份，以江苏省为例，金融资源规模排在 31 个省份的第 2 位，利用效率却仅排在第 23 位。相反地，金融资源利用率排名前 5 的地区分别为西藏、青海、上海、黑龙江和贵州，除上海外，其他四个省份的金融规模总量排名都在后一半，青海

与西藏分列第 28 名、第 29 名。这种规律在整个排名中不难被发现，即金融规模相对更小的省份，其资金利用效率反而更高，该判断符合蔡隽（2007）、卢颖（2009）的研究结果。就全国各地区而言，金融规模最高的省份大部分位于东部地区，同样地，利用效率偏低的省份也位于东部地区。西部地区则刚好相反。对此，一个可能的解释为，GDP 相对较低的地区，其信贷资金占用更少，政府对于信贷资源的竞争能力更弱，这种边际递减的效应导致了信贷资金获取的增速要低于GDP 的增速，表现在结果上即单位 GDP 所能分得的金融资源更少。或者由于金融资源更稀缺，这些地区对于金融资源的利用更趋向于投入最急需用钱的、地方支柱产业的生产部门，反而能够减少部分投机炒作，提升金融资源的使用效率。

当金融资源的配置符合自然规律时，由于资本的趋利性，金融资源在收益率降低时会脱离该地区，转移到利用效率更高、收益更高的地区。收益反映在 GDP上，也就是金融资源更倾向于集中在产出能力更强的地区。但表 4-4 中观察到的现象与此相反，表明当前金融资源在各省间的分配距离完全的市场化状态有较大差距，金融资源分配受到行政力量的干预。对于这种现象的一个解释是，地方政府与中央政府的财权事权相分离后，某些公共基础建设的责任落在了地方政府头上，地方政府的财政压力升高，一部分收入上缴，留存的财政收入对于发展当地经济不够充裕。或者说，在"新常态"以前，我国经济增速较快，当地方经济增长仍然主要参考 GDP 增速，且经济增长主要依靠投资拉动，地方政府基础设施投资的资金缺口较大，因此大力寻求可能的机会吸引金融企业、争取信贷资金。并且，中央政府的政策导向在传导进金融机构时有延迟效应，地方政府的干预在这种情况下会更加有效。故而，不同层级的地方政府对于金融资源流向的影响程度并不相同，各省的发展程度以及获得的金融资源配置份额各不相同。

地方政府之间的竞争经常是有益的，竞争符合市场规律，然而地方政府的竞争并非完全出于效率、资源等方面的竞争，其竞争手段也并非完全符合市场规则，这就导致这种过度竞争弱化了市场的配置能力，某些地区的金融资源承载能力已经不足，却仍然吸引了更多的资金，扭曲的金融资源配置将对该地区的产出产生负的边际效应。各地区之间也出现明显的金融资源配置差异，致使金融与实体经济在各地的经营环境具有明显差别，因此不利于金融与实体经济实现平衡发展与良性循环。

二、税负对实体经济企业金融化程度的影响

关于税负对实体企业金融化程度的影响，相关的理论分析如下：首先，当经济大环境不佳，企业利润率降低，此时企业税负的增加会使其无力进行扩大再生产投资，形成逆向选择。实体经济发展状况不佳同时金融业利润较高，对实体经济业务参与度更高的企业则获得的利润更低，甚至为负。这些着力经营主业的企业亏损后有可能退市，较少进行生产性投资、金融和房地产投资更加活跃的企业反而留在市场上，形成逆向选择。对实体企业减少税收，则企业可能获得更多的生产性资金，用于进行固定资产投资等（马拴友，2001）。毛德凤等（2016）的研究结果表明，减少税收会使企业资本积累增加，一个有代表性的证据是，《中华人民共和国企业所得税法》修改之后，企业税收降低，企业总投资金额增长了36.9%。贾俊雪（2014）的研究针对企业的进入壁垒与税收的关系，结果表明当平均税率降低时，企业的进入相对更容易。除此之外，减税还可能通过降低投资成本改变企业的投资结构。当税收负担降低，企业生产经营与投资的成本均会下降，此时企业会更偏好于稳健经营获利，而不是从事风险更高的金融投资谋取短期利润。综上所述，提出如下假设：税负相对较低的实体企业，其金融化的程度更低。

1. 实证模型设计和数据说明

为了对"税负下降会使企业金融化的程度降低"这一假设进行实证检验，本节拟建立如下回归方程：

$$\text{Fin}_{it} = \beta_0 + \beta_1 \text{Tax}_{it} + \gamma_1 X_{it} + \gamma_2 Y_{ct} + \varepsilon_{ict} \tag{4.2}$$

其中，i、c、t 分别表示企业、城市和年份；Fin 表示企业金融化的程度，以类金融资产与总资产之比表示；Tax 表示企业的实际税负，拟采用两种方法度量，一是所得税与主营业务收入之比，二是所得税与营业税之和与主营业务收入之比。如果估计结果显示 Tax 的系数为正，便可证明本节的假设，即税负降低会有效降低企业金融化的水平。X 变量集表示除实际税负之外企业个体层面的其他影响企业金融化程度的因素，包括企业的现金持有比率 CA、企业规模 SI，以及企业的财务杠杆 LE；Y 变量集表示城市层面的除实际税负外的影响企业金融化程度的因素，包括经济增长水平 GDP 以及房地产投资水平 HI。现金持有比率反映企业的流动性充裕程度，企业规模表示企业的经营规模，财务杠杆表示企业的负债程度，经济增长率反映该地区的经济增长水平，主要反映该地区的实体经济的景气状况，房地产投资是企业金融化的重要一环，反映了虚拟经济投资机会丰富程度。另外，本节拟采用固定效应模型进行估计，故控制了企业、时间和行业层面的固定效应，用以测度这些层面的异质性特征。

本节选取 2007~2020 年 A 股制造业上市公司作为样本，去掉数据缺省的样本，得到 8056 条面板数据。表 4-5 中列出了各变量的含义、计算方法以及数据来源。就衡量企业金融化程度的 Fin 变量而言，借鉴刘珺等（2014）的方法，选取金融资产与企业总资产之比来衡量企业金融化的程度。不同于 Stockhammer（2004）、Crotty（2009）的做法，以金融投资收益、金融投资费用、企业利润分配等指标综合构建了新的衡量企业金融化程度的指数，本书的方法更加直观，并且数据更容易获得。金融资产包括多种，如投资性房地产、交易性金融资产、持有至到期投资与发放贷款及垫款等项目。企业实际税负的度量方面，这里为了保证结果的稳健性，拟采用两种方法对企业的实际税负进行度量：Tax1 表示所得税与主营业务之比；Tax2 表示（所得税+营业税）/主营业务收入，相比于 Tax1对税负的涵盖面更广。数据来源方面，除城市层面变量外，企业层面变量全部来源于 CSMAR 经济金融数据库，城市层面数据来源于历年《中国城市统计年鉴》。经检验，变量之间的相关系数低于可认为多重共线性情况存在的标准。

表 4-5　变量定义一览

	变量	度量方式	数据来源
Fin	金融化程度	金融资产与总资产之比	CSMAR 经济金融数据库
Tax1	实际税负 1	所得税/主营业务收入	CSMAR 经济金融数据库
Tax2	实际税负 2	（所得税+营业税）/主营业务收入	CSMAR 经济金融数据库

续表

	变量	度量方式	数据来源
SI	企业规模	企业总资产的自然对数值	CSMAR 经济金融数据库
LE	企业杠杆率	总负债/总资产	CSMAR 经济金融数据库
CA	现金持有	现金及现金等价物/总资产	CSMAR 经济金融数据库
HI	地区房地产投资	所在城市房地产投资/GDP	《中国城市统计年鉴》
GDP	地区经济增长率	所在城市 GDP 增长率	《中国城市统计年鉴》

2. 实证分析结果

（1）基准模型。表 4-6 中列出了采用固定效应模型对本节设定的模型进行估计的结果。其中模型（1）为仅包含实际税负和固定效应的模型，模型（2）除实际税负外还加入了企业层面的控制变量，模型（3）在模型（2）的基础上加入了城市层面控制变量。根据表中所列出的系数估计结果，可以发现各变量系数与预计一致。如企业实际税负变量 Tax1 的系数估计结果均为正，并都在 1% 的显著性水平上显著。这一结果证实了本节开始的猜想，即税负水平的下降会降低实体企业金融化的程度。在控制利润率一致的情形下，实际税负更高时，企业被征收的税金更高，税后利润总额会更低，这时投资周期更短、投资利润更高的金融资产成为更好选择，促使企业进行短期投资活动以获得更多资金。或者可以解释为，当实际税负降低时，在同样的投入下，企业获得的税后利润更多，增长了企业经营主业的积极性，促使企业更多地进行生产性投资而非金融资产投资。综上所述，税负降低使企业金融化的程度降低是符合实际情况以及合理的。

表 4-6　固定效应模型估计结果

因变量：Fin	（1）	（2）	（3）
Tax1	0.023*** （0.003）	0.031*** （0.012）	0.029*** （0.005）
SI	—	-0.006 （0.001）	-0.009*** （0.002）

续表

因变量：Fin	（1）	（2）	（3）
LE	—	-0.008*** （0.002）	-0.0014*** （0.001）
CA	—	-0.067*** （0.014）	-0.061*** （0.016）
HI	—	—	0.030* （0.012）
GDP	—	—	-0.045 （0.033）
C	-0.179** （0.014）	0.158*** （0.018）	0.038 （0.042）
行业固定效应	控制	控制	控制
年份固定效应	控制	控制	控制
企业固定效应	控制	控制	控制
R^2	0.201	0.371	0.067

注：括号里报告的是标准差，＊、＊＊、＊＊＊分别表示在10%、5%、1%水平上显著，下同。

就其他变量的估计系数来看，在模型（2）和模型（3）中，企业规模变量 SI 的估计系数均为负，说明其他条件不变的情况下，越是大型的企业越不容易过度金融化，因为大企业通常资金来源稳定，销售渠道更丰富，小企业面临资金约束，故而更容易短期化经营目标。该结论与宋军和陆旸（2015）的结果一致。代表企业负债程度的财务杠杆率 LE 的系数同样在模型（2）与模型（3）中均为负，并且均显著，说明负债率较高的企业面临的经营环境更加严峻，迫于维持资金链运转，更可能进行金融投资以期获取高收益。现金持有水平变量 CI 的系数估计值在模型（2）与模型（3）中符号均为负，说明现金更充裕的企业金融化的水平更低，这一结果也符合现实。地区层面的变量，GDP 增长率的系数为负，房地产投资水平的系数为正，表明经济环境更景气时企业更倾向于从事主营业务，减少投机，并且投向类金融资产如房地产的资金与投向金融资产的倾向具有一致性。

（2）企业税负的不同度量方式。为了保证结果的文件，下面将采用两种度量方式来衡量企业的实际税负。Tax1 表示企业所得税与主营业务收入之比，Tax2将营业税纳入考量，以营业税与所得税之和为分子，主营业务收入为分母，以该比值表示企业实际税负。稳健性检验结果在表 4-7 中列出，将该结果与表 4-6 中的系数相对比，可发现，当实际税负加入营业税时，系数略有下降，但仍然显著，并且在 3 个模型中符号均为正。证明本节的实证结果总体稳健，即实际税负相对更高的企业，其面临的经营环境更差，对短期资金的需求量更高，故而倾向于进行更多的短期金融投机，金融化的程度也更高。表 4-7 中各变量系数与表 4-6中的结果大体上是一致的。

表 4-7　替代企业税负指标的回归结果

因变量：Fin	（1）	（2）	（3）
Tax2	0.018 *** （0.001）	0.015 *** （0.002）	0.025 *** （0.006）
SI	—	−0.001 （0.002）	−0.008 *** （0.002）
LE	—	−0.009 *** （0.002）	−0.0013 ** （0.006）
CA	—	−0.059 *** （0.008）	−0.054 *** （0.011）
HI	—	—	0.024 （0.019）
GDP	—	—	−0.031 （0.069）
c	−0.153 *** （0.007）	0.116 *** （0.038）	0.238 *** （0.011）
行业固定效应	控制	控制	控制
年份固定效应	控制	控制	控制
企业固定效应	控制	控制	控制
R^2	0.166	0.098	0.172

第三节　货币金融层面原因

本节从金融层面货币增速剪刀差与资产价格相互作用机制的角度，试图对金融与实体经济平衡发展与良性循环受阻现象的成因进行理论解释与实证分析。首先提出二者间相互作用的非线性特征与资金"脱实务虚"现象和流动性陷阱风险存在性相关的假设，通过建立资产价格与货币增速剪刀差关联的马尔科夫区制转移模型和门限回归模型，实证分析这种非线性特征出现的时点及特征，并通过与流动性陷阱出现条件的比较验证以上假设，讨论资金由实体经济流向房地产部门和金融市场的货币和资产价格方面的原因。

一、相关背景及研究思路

2016~2018 年，我国 M1 和 M2 增速之差，即所谓"货币增速剪刀差"走高，这一现象受到了市场及学术界的广泛关注。2016 年 7 月 M2 同比增速为 10.2%，M1 同比增速为 25.4%，货币增速剪刀差自 2016 年 2 月之后持续扩大，到 2016 年 7 月达到 20 年来最高水平（见图 4-4），并且 M1 的高增长一反常态，并未伴随实体经济部门的活跃度上升及产值增长。同时，房地产市场不断升温，金融资产价格波动加大，金融市场成交保持活跃，反映出经济整体出现金融与房地产行业发展速度更快、金融支持实体经济渠道受阻的倾向。这种现象的成因，货币增速剪刀差扩大与资产价格的关系，以及货币增速剪刀差扩大背后是否隐含流动性陷阱风险值得深入思考，以实现双循环格局下金融引领实体经济的高质量发展。

从货币增速剪刀差扩大的成因来看，大致有以下几种讨论：其一是由于实体经济税负过重、没有创新和盈利性较好的生产性投资方向，企业部门的长期投资意愿减弱，活期存款淤积在账面，未能有效转化为储蓄存款，即实体经济部门资金过多地流向金融与房地产领域；其二是随着利率市场化进程的推进，企业偏向活期存款，定期存款有所减少；其三是受到地方政府债务置换等技术原因的影响。

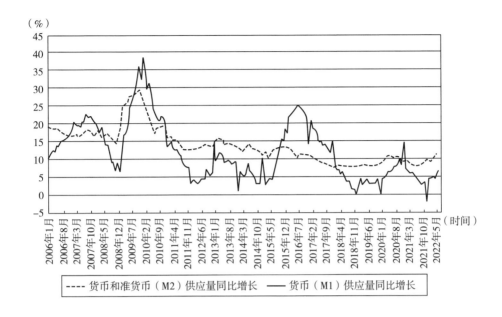

图 4-4 2006 年 1 月~2022 年 7 月货币增速剪刀差走势

本节主要就第一种讨论展开分析，就这种观点而言，货币增速剪刀差扩大和货币金融偏离实体经济现象的出现，即 M1 高增速和 M2 的低增速与房价上涨和股价波动同时出现，一定程度上反映了当前经济所存在的结构性问题：一方面，房价增长较快但 CPI 增速下滑。根据储蓄存款与长期贷款的关系，M2 增速较低源于企业部门长期投资不足，长期以来，我国长期贷款增长主要靠居民部门拉动，而居民部门的长期贷款主要投向房地产，伴随地产销售量和房价的上升。此时加入对银行部门的考虑，房地产作为传统的优质抵押品，其价格上涨表明抵押品价值有所上升，本应创造更多的信贷，这与 2016~2018 年 M2 增速和长期投资下滑、企业部门长期贷款增速降低、CPI 增速回落的现象相悖，这表明信贷创造过程和货币创造的传导机制可能存在梗阻，资金进入实体经济路径有待进一步畅通。另一方面，企业部门资金在金融市场淤积，导致股票市场价格波动剧烈。2015 年央行连续降准降息和地方政府债务置换等政策致使 M1 增速加快，但投放的货币无法进入实体经济，在金融市场中空转形成了资金的"堰塞湖"，致使市场投机性进一步加强,资金流出虚拟经济路径不畅。在常态下,由于 M2 中包含证券公司的客户保证金,与证券市场关联紧密,故而与股指存在较强的正相关关系。然而,2014 年下半年开始的一轮的股票指数上涨伴随货币增速剪刀差的扩大,同 M2 的同比变化趋势不一致,同常态不符。综合以上两点,2016~2018 年这一轮货币增速剪刀差的扩大伴随着资产价格异于常态的联动,考虑资产价格与货币增速剪刀差之间的联动存在非线性特征,在货币资金过多流向金融与房地产领域的背景之下,存在流动性陷阱的倾向。

对比凯恩斯在《就业、利息和货币通论》中对流动性陷阱的定义,尽管低位运行的名义利率距离到达流动性陷阱出现的零利率条件尚有距离,投资回报率与存贷款利率仍远高于活期利率,但企业和个人更倾向于"持币",实体经济增速相对货币增速进一步缓慢也在一定程度上表明货币政策作用空间阶段性地趋于收窄,如若缺乏合适干预,也并非完全不存在落入"流动性陷阱"的风险。根据 2015 年以后货币政策和实体经济的状况,可以判断金融市场流动性过剩与制造业等纯粹的实体经济领域融资困难同时出现,房地产和金融资产价格背离实体经济状况而呈现泡沫化倾向的同时,宽松货币政策的作用越来越有限,从广义货币到经济总需求扩张的传导环节出现了阻塞,由此经济是否有落入流动性陷阱的风险成为一个值得探讨的问题。

学术界关于货币增速剪刀差的讨论主要分为两个方面,一是分析其与各种经济指标的相关关系,二是对其异常走势成因的分析。第一类分析如范立夫等(2011)通过研究发现,货币增速剪刀差与 CPI 之间存在显著的正相关关系,样本期内二者互为 Granger 因果关系;刘海影(2013)认为,M1 与 M2 增速差表征货币的活化程度,能够反映经济整体的活跃程度和企业投资需求的变动情况;刘超等(2015)以货币增速剪刀差和上证综指为考察指标,实证分析二者关系,结果表明上证指数与货币增速剪刀差之间存在单向因果关系。由以上研究可知,货币增速剪刀差的扩大通常伴随经济上行,并且对于各类价格指数走高具有一定的信号意义。第二类分析如任碧云(2010),通过对改革开放后中国出现的四次 M2 和 M1 增速剪刀差逆向扩大现象的产生背景、不利影响,以及宏观应对措施的分析，认为此种现象产生的背景虽不尽相同，但都随着货币在虚拟经济领域重复周转，未能对实体经济产生有利的推动作用。在对中国是否存在流动性陷阱风险的判断方面，学者大多数采取对货币政策有效性进行检验的方法来研究该问题。陈湛匀（2001）通过对利率杠杆有效性的检验，得出经济衰退和通货紧缩等问题存在时，利率杠杆的货币政策有效性降低，应采用财政政策与利率政策相结合的方法对流动性陷阱进行预防。刘金全和张营（2009）计算了货币需求的动态弹性，根据估计结果从名义利率的弹性轨迹上对利率政策的作用效果进行评价，结果表明当时并未出现显著的货币政策"流动性陷阱"。陈丰（2010）通过论证扩张性货币政策对实体经济具有明显的拉动作用，认为金融危机下中国的货币政策并未将经济推向流动性陷阱。

在资产价格与货币政策之间关联的研究方面，国内外研究大部分涉及货币供应量，较少有将货币结构，特别是货币增速剪刀差作为考察货币政策的指标。本节将通过对货币增速剪刀差与资产价格相互作用机制的分析，提出二者间相互作用的非线性特征与流动性陷阱风险存在相关性的假设，通过建立资产价格与货币增速剪刀差关联的非线性模型，实证分析这种非线性特征出现的时点及特征，试图对金融与实体经济传导出现梗阻，以及二者不平衡发展出现的原因和作用机制做出解释，并通过与流动性陷阱出现条件的比较验证以上假设，讨论这种现象的出现是否意味着经济存在落入流动性陷阱的风险。综合对相关方面研究文献的回顾，总结本节做出的创新性贡献如下：一是在研究货币增速剪刀差与资产价格及相关变量的联动时考虑了作用机制的非对称性，采用马尔科夫区制转移和门限回归方法识别二者作用的非线性特征与资金"脱实入虚"现象的关联；二是通过货币增速剪刀差与资产价格相互作用的非线性特征而非直接检验货币政策有效性来讨论实体经济部门与金融市场间存在资金传导不畅时，经济中流动性陷阱风险的存在性；三是将货币结构引入了与资产价格相关性的讨论，通过对货币流向和资产价格泡沫相关性的分析为政策的制定和实施提供参考。

二、研究方法和数据

1. 研究思路和方法

（1）资产价格与货币增速剪刀差的作用机制。关于货币流动性影响资产价格的理论解释，可通过建立一个 Arrow-Debreu 框架下仅考虑第 t 期和第 t-1 期的简化模型进行说明，具体推导过程见郭峰（2016）。模型的基本假设包括投资者的总效用函数取决于财富水平与资产流动性水平。房地产作为投资者财富组成的重要部分，可以被财富值代表，股票资产作为金融资产最重要的组成部分，可由模型中的证券资产代表。财富因素、资产流动性因素能够显著地影响投资者的总效用及其边际效用。效用函数中的流动性部分在单一投资者的效用函数中表征资产的流动性水平，在进入全社会投资者总效用函数时，为总资产流动性，可由表征资金活化率的货币增速剪刀差表示。

为便于推导，不给出效用函数具体形式，假设投资者的边际效用函数为，其一般性表达式为：

$$U_t = U_t \, (W_t, \ W_{t-1}, \ L_t, \ L_{t-1}) \tag{4.3}$$

式（4.3）中，W_t 表示投资者在第 t 期的财富水平；L_t 表示投资者在第 t 期的资产流动性状况。假设折现因子具有随机性，表达式为 $B_t = k \times U_t / U_{t-1}$，考虑预算约束，对模型建立如下欧拉方程：

$$E_t \, [B_{t+1} \times R_{t+1}^e \, (X)] = 1 \tag{4.4}$$

$$R_{t+1}^e \, (X) = [P_{t+1} \, (X) + D_{t+1} \, (X)] / P_t \, (X) \tag{4.5}$$

其中，$R_{t+1}^e \, (X)$ 表示证券 X 在第 t+1 期的预期回报；$P_{t+1} \, (X)$ 表示在第 t+1 期证券 X 的真实价格；$D_{t+1} \, (X)$ 表示证券 X 在第 t+1 期的分红；$P_t \, (X)$ 表示在第 t 期证券 X 的真实价格。在此基础上，本书选择利用对数化的处理方法，对式（4.4）进行线性化展开，再利用无风险资产的相关特性对展开式进行处理可得到：

$$E_t \, [r_{t+1}^e \, (X) - r_{t+1} \, (f)] = -\sigma_{\gamma x, t} - \frac{1}{2} \sigma_x^2 \tag{4.6}$$

其中，r_{t+1}（f）表示无风险资产在第 t+1 期的收益，$\sigma_{\gamma x,t} = \text{Cov}\left[r_{t+1}^e(X),\right.$ $\left.\gamma_{t+1}\right]$ 表示对数收益与对数随机折现因子的协方差。进行一系列稳态下的对数线性化处理及整理后可得到：

$$p_t(X) = \lambda \times E_t\left[p_{t+1}(X)\right] + (1-\lambda) \times E_t\left[d_{t+1}(X)\right] - E_t\left[r_{t+1}(f)\right] +$$

$$\frac{1}{2} \times \sigma_x^2 - R_t(W_t) \times \sigma_{wr} - R_t(L_t) \times \sigma_{1r} \tag{4.7}$$

利用 $\sum_{n=0}^{\infty} \lambda^n \times E_t\left[p_{t+n}(X)\right]$ 的方法对式（4.7）求解，得到第 t 期资产 X 理论定价的表达式为：

$$\sum_{n=0}^{\infty} \lambda^n E_t\left[r_{t+n+1}(f)\right] - \sigma_{wr} \sum_{n=0}^{\infty} \lambda^n E_t\left[R_{t+n}(W_{t+n})\right] - \sigma_{1r} \sum_{n=0}^{\infty} \lambda^n E_t\left[R_{t+n}(L_{t+n})\right]$$

$$\tag{4.8}$$

通过对式（4.8）分析可看出，影响资产价格决定的重要因素是预期的相对风险厌恶系数和稳态展开系数，在持续时期内，货币政策的冲击和历史资产价格都会影响资产价格的决定，如用模型刻画，即货币政策变动、资金的流动性、资产价格变量可被刻画为一个完整的具有明显自回归特征的向量系统。故而本节所研究的问题中，使用 VAR 及其衍生模型是具备良好微观金融基础的。进一步对式（4.8）分析可以发现，货币政策对资产价格的影响可通过财富效应、流动性效应传导，流动性因素可通过影响投资者的相对风险厌恶程度来影响资产的理论价格。并且由式中系数可知，资产价格与投资者的预期相对风险厌恶系数之间存在负相关关系，即投资者风险厌恶程度上升时，资产价格会下跌。这解释了货币政策频繁变动，即货币政策非确定性增加时，资产价格的异常波动。

历史上货币增速剪刀差作为资金活化率的表征，意味着经济活动的活跃度提高，通常为 GDP 同比的领先指标。2016~2018 年，货币增速剪刀差却并未伴随 GDP 同比上升，究其原因，当利率降到最低的时候，向市场投放的货币将被"闲置资产"吸收，而无法作用于实体经济，金融资源流向实体经济的路径受阻。实体经济增速趋稳而资产价格上升较快的现象，考虑房地产及股票市场的泡沫更大程度由实体经济内部流动性过剩引起，货币增速剪刀差与资产价格呈现互相强化的作用机制，即货币增速剪刀差作为反映资金活化率的指标迅速上升，而实际利率较低时企业部门不愿投资实体经济，导致资金流向房地产市场和股票市场，短期投资繁荣形成资产价格泡沫，导致实体经济的"缺血"；与此同时，由于资本的趋利性，房地产价格及股票价格的上升引发的表面繁荣又吸引了居民部门进一步的投资，使资金由不计入 M1 的居民部门转移到计入 M1 的企业部门的活期存款，货币增速剪刀差再次上升，形成了"虚绑架实"的非良性循环。由此可提出假定，在"脱实入虚"即金融与实体经济之间循环出现阻碍的情况下，经济存在流动性陷阱风险时和不存在时，资产价格同货币增速剪刀差的作用系统应存在结构上的变化，可能呈现一定的非线性特征。当存在流动性陷阱风险时，不仅货币增速剪刀差对实体经济增长的引导作用不明显，其与资产价格之间相互促进的传导效应也存在异常，即相对于不存在流动性陷阱风险时，由于相互强化作用机制的存在，二者间相互作用更加显著。

结合前文关于 VAR 模型系统使用性的分析，为检验上述非线性假定，本节将采用马尔科夫区制转移模型实证检验资产价格与货币增速剪刀差之间作用机制的非线性特性，进一步地，结合流动性陷阱风险出现的条件，即名义利率水平极低时，本节将采用名义利率作为门限变量，以验证结构突变点的出现是否伴随名义利率的不同。

（2）MSVAR 方法。由于传统的 VAR 模型无法刻画经济变量在受到外生冲击或政策发生变化时的结构性变化，Hamilton（1989）提出了可拟合经济变量在不同状态、时间段和作用机制下的性质特征的马尔科夫转移（Markov Switching，MS）模型，也就是说，可观测的时间序列向量数据产生过程取决于不可观测的区制变量，运用区制依赖的截距项来描述过程：

$$y_t = \alpha(s_t) + \beta_1(s_t) y_{t-1} + \ldots + \beta_p(s_t) y_{t-p} + \varepsilon_t \tag{4.9}$$

对于给定区制和滞后内生变量 $Y_{t-1} = (y'_{t-1}, y'_{t-2}, \ldots, y'_1, y'_0, \ldots, y'_{1-p})'$，在 ε_t 服从正态分布等假定条件下，可得到 y_t 的条件概率与既定观测信息条件下的区制概率：

$$Pr（Y\mid\xi）=\frac{p（Y,\xi）}{p（Y）} \tag{4.10}$$

式（4.10）中 ξ 的估计值可由递归滤波算法、一步预测法和全样本平滑算法计算得到，模型设定形式及估计方法参见 Hamilton（1989）的研究。

（3）门限回归方法。为了在区分区制的基础上进一步考察当前中国经济是否存在流动性陷阱的趋势，在模型中加入名义利率变量，记为 int，以期考察在名义利率处于不同范围时资产价格与货币增速剪刀差相互作用的非对称性。本节借鉴 Hansen（1996、1999、2000）提出的多元门限回归模型思想进行分析。

Hansen（1996、2000）的两机制门限回归模型可以表示为：

$$y_t = \theta'_1 x_t + e_{1t}, \quad q_t \leq \gamma \tag{4.11}$$

$$y_t = \theta'_2 x_t + e_{2t}, \quad q_t > \gamma \tag{4.12}$$

其中，q_t 为门限变量，y_t 为被解释变量，x_t 为解释变量，e_{it} 为残差项，γ 为门限值。上述模型表示当门限变量 q_t 不大于门限值 γ 时，回归模型为式（4.11）；当门限变量 q_t 大于门限值 γ 时，回归模型为式（4.12）。

本节在估计所建立的门限回归模型时，采用 Bai-Perron（2003）进行结构突变检验，得到突变点个数后，使用 EViews12.0 软件提供的序贯方法对门限值进行估计，修整百分比（trimming percentage）为 15，显著性水平为 5%。具体方法参见 Bai 和 Perron（2003）的研究。

本节建立的门限回归模型中，被解释变量为 dm21，解释变量包括 gdp、cpi、hpgr、spgr、int、ucm2 和 ucint。选择利率 int 作为门限变量。

2. 数据和指标选取

鉴于数据的可获得性，本节选用季度数据，样本区间为 2006 年第一季度到 2022 年第二季度。取（$M1_t-M1_{t-4}$）/$M1_{t-4}$-（$M2_t-M2_{t-4}$）/$M2_{t-4}$，即季度货币增速的剪刀差作为货币结构短期变化的代理变量，记为 dm21；资产价格方面包含房地产价格增长率和股票价格增长率，前者由月度商品房销售额除以月度商品房销售面积取对数差分再换算为季度均值得到，记为 hpgr，后者由上证综指取对数差分换算为季度均值获得，记为 spgr。外生变量的选择方面，根据范立夫和张捷（2011）的结果，货币增速剪刀差与 CPI 之间存在显著的 Granger 因果关系，故选择 CPI 指数同比增长率作为控制变量，记为 cpi。根据陈继勇等（2013）的研究设定，流动性在资产价格繁荣和萧条时期对资产价格作用明显，并且股票、房地产价格波动均隐含了一定程度的产出（GDP）和通胀（CPI）信息，引入季度 GDP 同比增长，记为 gdp。考虑到货币政策的不确定性可能对投资者信心产生影响，加入货币政策不确定性作为外生变量对货币增速剪刀差进行解释，由于中国利率尚未完全实现市场化、金融体系发展不完善、金融市场成长尚不成熟，将货币政策分为数量型和价格型两种类型。参照前人的研究（Koivu，2009；刘金全，2002；赵昕东等，2002），本节选取 M2 增长率衡量数量型货币政策，6 个月至 1 年期金融机构贷款利率变化率衡量价格型货币政策。关于如何度量货币政策的不确定性，Baum 等（2006）认为，GARCH 方法相较于移动标准差或基于问卷调查方法得出的预测值更加准确。因此，依据 Leahy 和 Whited（1996）、Byrne 和 Davis（2005）、Baum 等（2006），运用广义自回归条件异方差模型，即 GARCH（1，1）模型度量中国季度 M2 增长率和实际贷款利率变化率的条件方差，首先分别对两个变量建立一阶自回归模型，然后建立 GARCH（1，1），将计算得到的条件方差分别作为数量型和价格型货币政策不确定性的代理变量，分别记为 ucm2 和 ucint。在进行门限回归时，加入利率作为门限变量，选择银行间债券质押式回购交易加权平均利率季度平均值作为代理。全部数据来源于中经网，并经过 Census X12 季节调整。本节分析使用的软件为 OXMetrics 6.0，运用 Hans-Martin Krolzig（1998）的 MSVAR 包来实现 MSVAR 分析；使用 EViews12.0 软件进行门限回归分析。

三、实证结果及分析

1. MSVAR 模型估计结果及分析

（1）适用性检验。由于 MSVAR 模型要求各变量数据为平稳的时间序列，首先对各变量进行平稳性检验，为保证检验结果可靠，采取 ADF、Phillips-Perron 和 KPSS 三种单位根检验方法，检验结果在表 1 中列出。根据表 4-8 中 ADF 检验的 P 值可看出，除 GDP 季度增长率数据和股票价格增长率变量 spgr 分别在 10%和 5%显著性水平上拒绝不平稳的原假设外，其他各变量均在 1%的显著性水平上平稳，P-P 检验的结果则显示，除货币增速剪刀差和股价增长率数据在 5%显著性水平上拒绝存在单位根的原假设外，其他变量均在 1%的显著性水平上显著。根据检验结果可认为全部变量序列是平稳的。KPSS 检验结果表明全部变量无法拒绝序列平稳的原假设。

表 4-8　各变量序列单位根检验结果

变量名	ADF 检验		P-P 检验		KPSS 检验
	t 统计量	P 值	t 统计量	P 值	LM 统计量
dm21	−4. 1529	0. 0016***	−2. 7054	0. 0786**	0. 0681
cpi	−6. 4805	0. 0000***	−6. 2721	0. 0000***	0. 0330
gdp	−2. 0225	0. 0422*	−3. 3716	0. 0156***	0. 0624
hpgr	−12. 8366	0. 0000***	−21. 6157	0. 0001***	0. 1401
spgr	−3. 2828	0. 0198**	−3. 4905	0. 0113**	0. 2106
ucm2	−4. 3341	0. 0052***	−3. 8741	0. 0037***	0. 3739
ucint	−5. 1119	0. 0005***	−4. 7539	0. 0002***	0. 3695

注：①***和**分别表示在 1%和 5%显著性水平上拒绝原序列不平稳的原假设。②检验方程中凡涉及滞后阶数或带宽的确定，都基于 AIC 准则。③检验方程中只包含了常数项。

（2）区制状态分析。具体采用何种类型的马尔科夫区制转移模型，如模型区制设置和状态个数等，本节主要依据 SC 准则和 AIC 准则、HQ 准则以及对数似然值，综合选择模型的最优形式。对比仅包含货币增速剪刀差与资产价格变量、加入 gdp 与 cpi 变量、包含全部变量的三组模型分别设定为 MSI、MSIH、MSMH、MSIAH、MSM、MSIA 形式，分别滞后 1~5 阶，区制数为 2~4，共计 270 个模型（由于绝大部分模型不收敛，故表 4-9 中仅列出最终选定的模型及线性系统模型的结果），选择最优的模型形式为 MSIA（3）-VARX（2），即 3 区制 2 阶自回归模型。该模型的截距和系数都是区制状态依赖的，这也同本节经济处于不同状态下资产价格对货币增速剪刀差的影响存在不对称性的假设相符。模型的 SC 准则、AIC 准则、HQ 准则和对数似然值在表 4-9 中列出。

表 4-9　不同模型设定形式的检验结果

	SC 准则	AIC 准则	HQ 准则	对数似然值	非线性 LR 检验
MSIA（3）-VARX（2）	−34.3630	−42.1889	−39.1059	1942.0462	589.3780［0.0000］***
线性系统模型	−14.9013	−17.6674	−16.5777	647.3572	—

表 4-9 中最后一列给出了模型的非线性似然比检验结果。该似然比检验的原假设为变量系统间为线性作用，服从线性 VAR 模型，备择假设为该系统服从 MSIA-VARX 模型，似然比检验的结果表明可在 1% 的显著性水平上拒绝原假设，认为所选变量构成非线性系统，选择包含区制转移的非线性系统是合理的。

本节 MSVAR 分析的 3 个区制如图 4-5 所示。具体地，区制 1 包括的区间有：2006 年第 4 季度、2008 年第 2 季度~2009 年第 2 季度、2011 年第 1 季度、2011 年第 4 季度~2014 年第 2 季度；区制 2 包含的区间有：2009 年第 3 季度、2010 年第 4 季度、2011 年第 2 季度~2011 年第 3 季度、2014 年第 3 季度~2015 年第 2 季度、2017 年第 4 季度~2022 年第 2 季度；区制 3 包含的区间有：2001 年第 1 季度~2008 年第 1 季度、2009 年第 4 季度~2010 年第 3 季度，2015 年第 3 季度~2017 年第 3 季度。

根据区制发生的时间段分析，区制 1 主要特征为货币政策收紧，多次发生存贷款基准利率上调。例如 2006 年第 3 季度到 2008 年第 2 季度，共发生 7 次存贷款基准利率上调。区制 2 发生的时间多伴随经济增速下滑背景下的货币政策宽松，不仅多与央行对利率的逆周期调节有关，而且变化幅度尤为明显。例如，2020 年新冠肺炎疫情暴发后，货币政策迅速响应，向实体经济提供充足的流动性，并未伴随股票、房地产等资产价格的过度上涨，虚拟经济与实体经济协调运行发展。区制 3 的时间范围内，通常表现为股票市场动荡较大、房地产价格增速为正。如 2015 年第 3 季度~2017 年第 3 季度的经济"脱实向虚"倾向较为严重、货币增速剪刀差扩大的阶段，以及 2008 年金融危机后，"四万亿"政策出台后，从 2008 年 9 月起中央银行连续 5 次下调人民币利率，但 GDP 增速在此区间内大幅下滑。这些区间均伴随着流动性大量涌入虚拟经济部门，同时实体经济部门增长有限，因而可以将区制 3 看作"脱实向虚"倾向相对严重的区间。

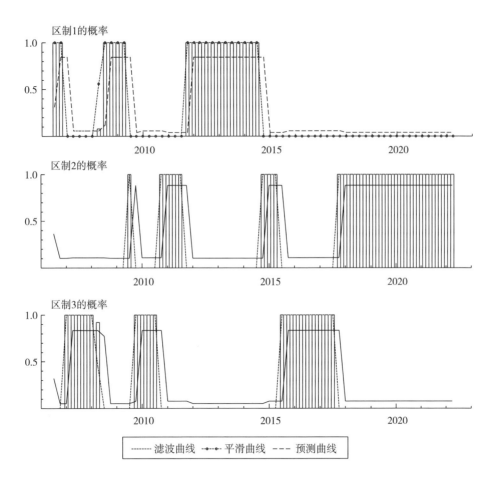

图 4-5　MSIA（3）-VARX（2）模型的区制状态

模型估计结果显示，2015 年第 3 季度~2017 年第 3 季度，经济处于区制 3 状态。结合央行 2015 年后频繁降准降息，且新常态下经济增速放缓来看，符合区制 3 状态特征，货币当局释放流动性，但对实体经济作用不明显。

与区制转移相伴随的问题是转移概率，3 个区制之间的转移概率估计结果如表 4-10 所示。可以看出经济稳定在 3 个区制内的概率分别为 0.8454、0.8833 和 0.8347。说明经济一旦进入存在流动性陷阱风险的区制 3，具有一定维持该状态的惯性，如无外生冲击干预，跳出该状态进入区制 2 的概率仅为 10.81%，说明根据历史来看，流动性陷阱风险阶段具有高度的自我维持性，其后自发进入稳步增长阶段的可能性较低。直接跳入经济过热区制的可能性则非常微小，表明尽管该阶段货币政策宽松，后期引发高通胀的可能性仍然较小。区制 1 和区制 2 向区制 3 转移的概率分别为 0.0515 和 0.0768，表明由历史来看，从经济稳定繁荣、货币政策效果较好的状态转移至带有流动性陷阱风险、货币政策作用有限的区制的概率并不低，风险仍然值得留意。

表 4-10　MSIA（3）-VARX（2）模型的区制转移概率

	区制 1	区制 2	区制 3
区制 1	0.8454	0.1031	0.0515
区制 2	0.0399	0.8833	0.0768
区制 3	0.0571	0.1081	0.8347

表 4-11 给出了 MSIA（3）-VARX（2）模型系数的估计结果。MSIA 模型假定截距、系数都是区制依赖的，即在不同的区制状态下，可观察到变量之间相互影响程度的不同，由此可分析不同区制状态下货币增速剪刀差与房地产价格、股票价格相互影响的情况。

表 4-11　不同区制状态下 MSIA（3）-VARX（2）模型的系数

	区制 1			区制 2			区制 3		
	dm21	hpgr	spgr	dm21	hpgr	spgr	dm21	hpgr	spgr
Const.	0.368 ***	0.072 **	0.095 *	-0.241 ***	0.056 ***	0.254 ***	0.021 ***	0.067 **	0.176 ***
dm21_ 1	-2.561 ***	-0.183 **	-2.359 *	-0.789 ***	-0.370	-0.344 *	-1.564 **	0.556 ***	0.989 *
dm21_ 2	1.392 ***	-1.685 **	-1.870 **	-0.188 ***	0.491 ***	-0.135 *	-0.208	-0.767 **	-0.516 *
hpgr_ 1	0.037 ***	-1.116	0.191 *	-0.131 **	-0.474 *	-0.246	0.346 ***	-0.772 **	0.093 *

续表

	区制 1			区制 2			区制 3		
	dm21	hpgr	spgr	dm21	hpgr	spgr	dm21	hpgr	spgr
hpgr_ 2	0.637*	-0.639**	-0.417*	0.093***	-0.249*	-0.212***	0.738**	0.234*	0.276
spgr_ 1	0.709*	-0.545	0.489***	0.239	0.223**	1.234***	0.839**	0.289***	1.240**
spgr_ 2	3.286	0.781**	-0.193**	-0.079***	-0.184**	0.595	3.542**	-0.167**	-0.374**
cpi_ 1	4.674	-7.573*	-1.390*	-0.331	1.879**	-3.285*	-6.187	3.676**	-7.523
cpi_ 2	6.163	-7.117*	-1.791	0.933*	0.604**	0.186***	-8.842**	-8.199	-7.389
gdp_ 1	-2.020**	-0.374*	3.349	0.836**	0.467*	-0.240*	-2.459**	3.492***	1.692**
gdp_ 2	3.562*	1.674	1.105*	0.639	0.721**	-0.539*	-0.387*	0.703	1.171**
ucint_ 1	0.747*	1.048	1.023***	0.721*	-0.499***	-1.088	1.552*	-0.062*	-1.153*
ucint_ 2	-3.073**	-1.015**	4.892	-0.379**	-2.018**	-0.400*	0.072*	0.796**	4.921***
ucm2_ 1	0.337***	-0.590**	0.453**	0.109**	-0.214	-0.829*	-0.823	0.801**	-0.751
ucm2_ 2	-0.556***	-0.077**	0.301	0.230***	0.046**	-0.574*	-0.632*	-0.031	-0.710**

注：＊＊＊表示系数在1%显著性水平上不为零，＊＊表示系数在5%的显著性水平上不为零，＊表示系数在10%显著性水平上不为零。

从资产价格对货币增速剪刀差的影响来看，区制3中房地产价格和股票价格的一阶和二阶滞后变量对货币增速剪刀差的扩大均有促进作用，且系数绝对值高于区制1和区制2，这一结果验证了文章开始提出的假设，即在金融发展偏离实体经济基本面，存在"脱实向虚"倾向明显且存在流动性陷阱风险时，资金由居民部门存款投向股票市场和房地产市场，推高资产价格的同时，资金转移到计入 M1 的企业部门存款，促进了货币增速剪刀差的扩大。且在区制3状态下，CPI 对货币增速剪刀差的影响明显高于其他两个区制，说明此时尽管货币政策相对宽松，CPI 变动不大，反映在系数的估计值上则表现为货币增速剪刀差对 CPI 变化率的敏感性显著提高。GDP 方面，滞后一期变量系数为负，且绝对值为 2.459，表明区制3确实具备一定的流动性陷阱特征，至少同货币增速剪刀差作为 GDP 增速先行指标的经验事实相悖。货币政策非确定性方面，滞后一期的价格型货币政策不确定性在经济处于区制3时，对货币增速剪刀差的促进作用更明显，其系数绝对值为 1.552，远高于经济处于区制2时的 0.721；数量型货币政策不确定性的二期滞后变量在区制 3 状态的系数绝对值为 0.632，同样远高于区制 2 的 0.230，这一结果说明了货币政策非确定性也是资金"脱实向虚"并产生流动性陷阱风险的原因之一，企业获得居民部门的资金后由于政策的不明朗致使投资信心不足，使大量资金淤积在企业的活期存款，推高了货币增速剪刀差。

从货币增速剪刀差对资产价格的影响来看，区制 3 状态下，房地产价格回归方程中货币增速剪刀差的一阶滞后变量系数为正，表明前期由居民部门转移到企业的 M1 投资到房地产市场，进一步推高了房地产价格，区制 1 和区制 2 中该一阶滞后变量的系数均为负。但货币增速剪刀差二阶滞后变量的系数为负，且绝对值为 0.767，同时价格型货币政策不确定性的一阶滞后变量为正，绝对值高达 1.552，推测前 2 期的货币增速剪刀差扩大会增加前一期政策环境的不确定性，滞后二期的 M2 增速高于 M1 本身可能影响投资者对房地产市场的信心，对房地产价格产生负向影响，但其通过对下一期货币政策不确定性的影响，进一步使投资者确信房地产市场相对其他产能过剩的行业，如钢铁、煤炭、化工等，投资价值相对稳定，从而增加对房地产的投资，对房价产生正向影响。股票价格方面，区制 3 状态下货币增速剪刀差一阶滞后变量系数为 0.989，区制 1 和区制 2 分别为 -2.359 和 -0.344，表明经济处于区制 3 时，尽管 M2 增速不高，M1 的增速加快对股价升高有明显推动作用，这与历史上 M2 同比与股票市场之间联系更强相悖，同时也符合始于 2014 年下半年的一轮牛市同 M2 同比变化出现背离的现状。2015 年上半年，经济处于下行阶段，股票市场的繁荣并无基本面支撑（房地产价格和股票价格增速的 VAR 方程的区制 1 中，GDP 滞后变量的系数均为负），M2 同比增长也有所下滑，但央行采取宽松货币政策，频繁降准降息以提振经济，导致股票市场获得更高的杠杆率，融资额增加从而股票价格上升。同时股票价格的上升又使得其作为抵押物价值升高，又提升了借贷杠杆，使股票市场融资额和价格进一步推升，呈现出"杠杆推升—市值上涨—杠杆进一步提升—股票市值再次上涨"的正反馈循环，表现为货币增速剪刀差的出现与股票价格上升呈现正向关联。

以上 MSVAR 模型的实证结果从货币结构与资产价格相互作用的角度验证了金融偏离与实体经济平衡发展轨道和二者之间循环受阻的原因和作用机制，以及二者间非线性作用出现时点与流动性陷阱风险存在性的关联。当实体经济税负过重、没有创新和盈利性更强的生产性投资方向时，由于资本的趋利性，实体经济部门将资金过度投向了房地产和金融市场而造成资产价格泡沫和实体经济的"缺血"，此时如货币政策不明朗，经济"脱实务虚"症状加重，货币增速剪刀差与资产价格泡沫之间强化机制加强，就会导致流动性陷阱风险出现。

（3）MSVAR 方法的有效性。总体来看，MSIA（3）-VARX（2）模型较好地拟合了货币增速剪刀差、房地产价格和股票价格的变动。有效性的检验如图 4-6 的拟合表现和图 4-7 的残差分布表示。

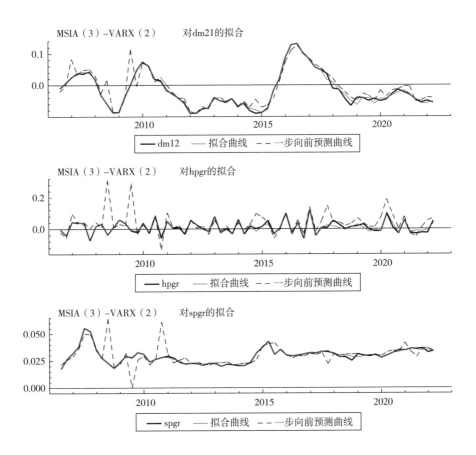

图 4-6　模型对货币增速剪刀差和资产价格的拟合

图 4-6 中给出了货币增速剪刀差、房地产价格和股票价格增速变量的实际

值、1 步预测值和平滑值的关系，可见模型估计值与 1 步预测值同实际值拟合良好，证明了 MSIA（3）-VARX（2）方法在刻画货币增速剪刀差与资产价格相互作用的区制特征时的有效性。

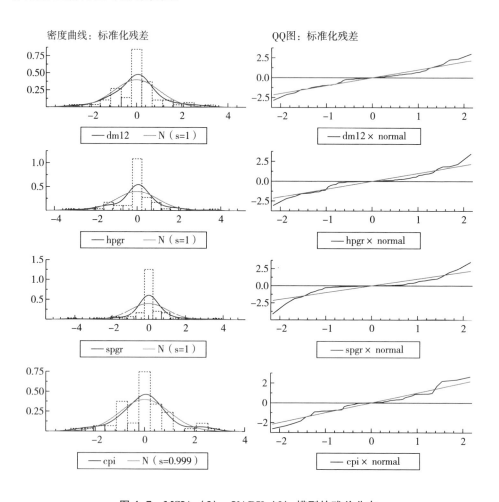

图 4-7　MSIA（3）-VARX（2）模型的残差分布

图 4-7 为 MSIA（3）-VARX（2）对货币增速剪刀差和资产价格拟合的残差分布与 Q-Q 图，可见模型的残差分布近似于正态分布，进一步说明模型拟合效果良好。对三个残差序列做正态性检验，得到的 J-B 统计量的 P 值分别为 0.625、0.218、0.667，说明不能拒绝残差序列为正态分布的原假设。可认为三

个 MSIA（3）-VARX（2）模型的残差序列近似服从正态分布。

2. 门限回归模型估计结果及分析

本部分通过以利率为门限变量建立门限回归模型，考察当货币增速剪刀差与资产价格增速之间的作用是否存在利率的门限效应，在加入利率水平的条件下进一步讨论"脱实务虚"现象的成因及此时流动性陷阱风险的存在性。

以 dm21 为被解释变量，全部其他变量为被解释变量建立模型，使用EViews12.0 软件提供的序贯估计方法对门限值进行估计，修整百分比（trimming percentage）为 15，显著性水平为 5%，估计得到门限值为 0.024 和 0.029。具体方法参见 Bai 和 Perron（2003）的研究。结果尽管可决系数达到 0.814，模型中大部分系数却不显著。考虑到货币政策不确定性变量在 MSIA（3）-VARX（2）模型估计结果中二阶滞后变量更加显著，即货币政策非确定性对预期的作用在两期后最明显，将门限回归模型中的变量 ucint 和 ucm2 做二阶滞后处理引入模型，采用如上方法进行门限值估计后，得到 2 个门限值与不做滞后处理时几乎相同，为 0.026 和 0.032，但模型系数绝大部分在 5% 显著性水平上显著，并且可决系数提升至 0.832。这也从另一个角度对 MSVAR 模型的有效性进行了证明，并且两个模型下对比其他变量为门限变量，都以名义利率变量 int 作为门限变量时效果最好，两个模型下得到的利率门限值几乎一致，也说明了模型的稳健性。后文仅对货币政策非确定性变量做二阶滞后处理的情况进行分析。

实际估计模型时，将模型包含的全部变量作为门限变量分别估计模型并比较残差平方和，结果表明将名义利率 int 作为门限变量时估计得到的模型残差平方和最小，为 0.069，价格型货币政策非确定性变量 ucint 次之，为 0.157。说明名义利率作为门限变量是合适的。经济增长状况与通货膨胀状况相对于名义利率而言，其不同状态对于资产价格与货币增速剪刀差之间作用的门限效应较弱。这一结论与真实状况相符，影响广义货币派生传导途径的主要是利率，流动性风险的发生主要作为货币现象，故而名义利率运行状态的划分对于说明资产价格与货币结构间的非线性作用即流动性风险的存在与否意义更大。理论上，当利率水平接近零时，如果存在流动性陷阱趋势，则存在货币政策弱效现象。

（1）门限效应检验。在加入 int 变量并选择该变量为门限变量后，对建立的模型进行 Bai-Perron（2003）结构突变检验，结果如表 4-12 所示。

表 4-12　门限效应检验结果

门限检验	F-统计量	规范化 F-统计量	Bai-Perron 临界值
1 vs. 2*	6.689	8.681	8.58
2 vs. 3	2.547	2.581	8.83

注：* 表示在 5% 显著性水平上拒绝原假设。

表 4-12 中给出了 F 检验值和规范化的 F 检验值的检验结果，根据检验结果拒绝了无断点与 1 个断点、1 个断点与 2 个断点差异显著为 0 的原假设，判断当利率作为门限变量时，样本期内的货币增速剪刀差序列存在两个结构突变点，即根据利率值的不同，资产价格与货币增速剪刀差之间的作用存在非线性特征，并可划分为低利率、正常利率和高利率三个区制。

（2）门限回归模型的估计结果及残差诊断。表 4-13 中列出了不考虑门限效应的线性回归估计结果及根据利率划分的不同区制的门限回归结果。由 R^2 的值来看，门限回归模型的拟合效果远好于经典线性回归模型，证明货币增速剪刀差与资产价格及相关变量的作用确实存在非线性特征。

表 4-13　门限回归模型的估计结果

	OLS 模型	低利率状态	正常利率状态	高利率状态
		int<0.026	0.026≤int<0.032	0.032≤int
cpi	0.1074	−2.074（0.685）	−0.079（1.454）	1.333（1.439）
gdp	1.2107	−1.793（1.114）	−1.895（0.602）	−2.036（0.517）
hpgr	0.0364	1.418（0.290）	0.662（0.380）	0.529（0.039）
spgr	1.8987	0.355（0.089）	0.121（0.064）	−0.096（0.051）
int	0.0069	2.280（0.377）	1.975（0.535）	−0.394（0.173）
ucint_2	4.3941	19.004（5.891）	−8.327（1.988）	−2.346（1.731）

续表

	OLS 模型	低利率状态	正常利率状态	高利率状态
		int<0.026	0.026＝int<0.032	0.032≤int
ucm2_2	-3.6433	-2.734（0.965）	-0.386（0.461）	-0.088（0.101）
c	-0.0789	2.124（0.009）	-0.467（0.057）	0.338（0.019）
观测数比例	100%	59.09%	27.27%	13.64%
R^2	0.353	0.758		

注：括号内为系数估计值的标准误。

分析门限回归模型的系数估计结果，在低利率状态下，房地产价格增长及股票价格增长均同货币增速剪刀差的扩大呈正相关，且系数绝对值高于正常利率状态和高利率状态，即低利率状态下，资产价格与货币增速剪刀差的正向关联更明显，与2015年后多轮降准降息下房地产等资本市场活跃，货币增速剪刀差持续扩大的现象一致。同时，低利率和正常利率状态下，名义利率同货币增速剪刀差呈正相关，且低利率时系数高于正常利率时的系数，高利率状态下名义利率对货币剪刀差的影响不显著。表明利率低到一定程度时，名义利率的提升将使货币增速剪刀差显著扩大，此时货币政策如进一步收紧将使资金活化程度进一步降低，生产部门信贷规模缩小，长期投资继续降低，对货币资金脱虚向实极为不利。就价格型货币政策及利率走势的不确定性而言，低利率状态下系数为正，正常利率状态下为负，高利率状态下系数不显著。表明利率低位运行期间对利率预期的不确定性提升将导致货币增速剪刀差升高，此时货币政策前景不明将加剧厂商对生产性投资盈利状况预期的悲观程度，资金流向更可能保值的房地产行业，即低利率状态下应采取积极明朗的货币政策提升市场信心。低利率时GDP增长率系数为负，说明利率水平偏低时，经济增长速度偏低与货币增速剪刀差走高偏向同时出现，这一结果符合2015年第2季度后，由于经济处于转型期，存在较大下行压力，企业信贷需求弱于居民部门，宽松的货币政策对企业部门投资刺激有限，资金更多地流向虚拟经济部门，推高了房地产价格并促使股票市场波动加大，此时会出现一定的流动性陷阱风险。

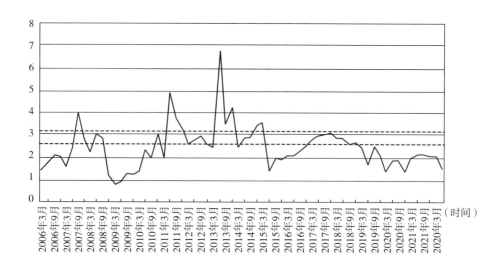

图 4-8　2006 年第 1 季度~2022 年第 2 季度利率的区制划分情况

图 4-8 给出了样本区间内低利率、中等利率和高利率时段的划分。其中低利率运行区间包括 2006 年第 1 季度~2007 年第 2 季度，2008 年第 1 季度~2010 年第 3 季度，2015 年第 2 季度~2016 年第 4 季度，以及 2019 年第 1 季度~2022 年第 2 季度等；利率高位运行区间包括 2011 年第 2 季度~第 4 季度，2013 年第 2 季度~第 4 季度，2014 年第 4 季度~2015 年第 1 季度。与 MSVAR 区制划分对比可知，区制的划分同利率运行区间有一定的协同性。如 MSVAR 结果中，属于区制 3 的 2015 年第 3 季度~2017 年第 3 季度，大部分都处于低利率区间；属于区制 2 的 2009 年第 3 季度、2010 年第 4 季度和 2015 年第 2 季度，都出现了利率低于门限值 0.026 的情况，且随后有所回升；属于区制 3 的 2011 年第 1 季度、2011 年第 4 季度~2014 年第 1 季度，大部分时间的利率均高于门限值 0.032。由于门限变量选择了能够反映流动性风险特征的名义利率，期望得到的结果是区制 3 出现流动性陷阱风险的区间包含在门限回归结果中低利率运行的区间，实际经过估计结果的对比分析，证实了这一猜想。进一步说明了 MSVAR 中区制 3 的确是出现了低利率的流动性风险条件，符合流动性陷阱风险出现的特征。但由表 4-12 的门限回归结果来看，利率低位运行，资产价格与货币增速剪刀差作用加剧明显，

代表资金活化度的货币增速剪刀差又与 GDP 增速呈逆向关联，说明 2016 年后经济虽未陷入流动性陷阱，但资金"脱实向虚"倾向明显，流动性陷阱的风险仍然值得注意。图 4-9 为门限回归模型的系数稳定性递归残差检验，可以看出递归残差值基本位于上下两条 2 倍标准误线之间，表明方程参数基本稳定，估计结果可用于分析其经济意义。

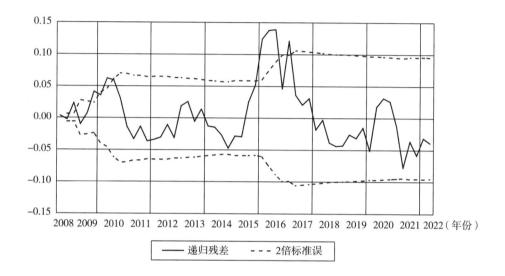

图 4-9　模型的系数稳定性检验：递归残差

货币供应量增加会导致价格的上升，但货币的具体流向决定了推升的是资产价格还是商品价格。当增加的货币供应没能进入制造业等纯实体经济，而是在股票市场、房地产市场等进行投机行为，就会使资产价格上升并趋于泡沫化，而未对经济增长和物价上升起到推动作用。此时货币政策宽松，流动性不能同需求相符，就会产生资金"脱实入虚"的问题。从 2015 年 10 月开始，M2 与 M1 同比增速之差开始由正转负，并出现明显的差距持续扩大趋势。出于对这一现象背后深层原因的思考，本节在论述了货币增速剪刀差与资产价格相互作用机制的基础上，提出了经济存在流动性风险时货币增速剪刀差与股票价格和房地产价格之间的联动相比常态时更加明显的假定，并引入 CPI、货币政策不确定性等控制变量建立了马尔科夫区制转移模型对该假定进行实证检验。结果表明二者之间的相互作用存在区制性特征，在货币政策宽松但经济下行的区制内确实存在货币增速剪刀差与资产价格之间作用加强的现象。此时货币增速剪刀差扩大表明经济中资金"脱实向虚"倾向加剧，资金投向获利更高的房地产投资和金融"钱炒钱"等领域而造成资产价格泡沫和实体经济的"缺血"，资产价格泡沫又进一步吸引了因"缺血"而试图进行短期投资缓解资金压力的企业进行资金投入，为进一步验证该结果，引入名义利率变量并将其作为门限变量建立门限回归模型，经过 Bai - Perron 检验将样本划分为利率低于 0.026 的低利率区间、处于 0.026 和 0.032 之间的正常利率区间和高于 0.032 的高利率区间。结果表明低利率状态下，资产价格与货币增速剪刀差的正向关联更明显；利率低到一定程度时，名义利率的提升将使货币增速剪刀差显著扩大，此时货币政策如进一步收紧将使资金活化程度进一步降低，对货币资金脱虚向实极为不利；并且利率水平偏低时，经济增长速度偏低与货币增速剪刀差走高偏向于同时出现，这一结果符合 2015 年第 2 季度~2018 年第 2 季度，由于经济处于转型期，存在较大下行压力，企业信贷需求弱于居民部门，宽松的货币政策对企业部门投资刺激有限的事实。

根据本节的实证结果，在样本区间内，我国经济虽未落入流动性陷阱，但存在低利率下货币政策空间收紧、有效性降低的风险。关于化解此种风险，基于货币增速剪刀差扩大的原因，本书提出三点政策建议：一是货币政策方面，由于货币本身并不能带来需求，特别是在经济下行的周期，货币政策应与需求配合，避免货币超量投放引起资产价格泡沫同货币增速剪刀差相互强化机制的形成；二是财政政策方面，由于货币政策有效而有限，需要配合积极的财政政策来实现稳增长调结构的目标，如减轻企业赋税、适当提高财政赤字率等，刺激公共需求以弥补私人部门需求的降低；三是加强资本市场管制，积极应对过去为稳增长而累积的各类资产泡沫及超发的货币，防范危机的爆发。综上所述，将财政政策与货币政策配合，才能提振民间投资信心，促进货币结构合理化，使资金更多地流向实体经济，避免资产价格泡沫和流动性陷阱。

第五章

经济过度金融化的风险

经济过度金融化既不利于实体经济的成长，也背离金融服务实体经济的本质。对实体企业造成的不良影响包括阻碍企业进行生产性资本积累和抑制企业创新行为方面；对价格体系的冲击则不仅包括引发资产价格泡沫不断积累从而形成破裂风险，也可能通过价格传导体系对商品价格产生冲击，引发通货膨胀或通货紧缩风险。基于此，本章将从以上层面对经济过度金融化的风险进行研究，以期给出经济金融化对经济整体可能产生的风险、风险的程度和出现的时点、持续期等。

第一节　经济金融化对企业的影响

一、对实体企业资本形成的影响

经济金融化对企业经营的众多方面造成影响，其中最主要的一个方面为金融化引起的资本形成下降风险。没有投资和扩大再生产经济将失去重要增长点，尽管金融中介可能使企业获得资本的成本降低，起到减少摩擦的作用，并将社会融资最终转化为产品和生产资本，但过度的金融投资显然会对资本形成产生不利影响，现有文献已表明资金过度流向金融部门对实体企业的资本形成存在"挤出"效应。

如 Tobin（1984）的研究表明，金融体系维持运转也需要各类资源，而当金融体系过于庞大，超过实体经济所需时，这些额外的金融资源将不再使实体经济的产量上升，而是使金融体系内部的投资者获取超额利润，膨胀的金融体系将挤出实体经济部门的投资。Emunds（1997）的研究表明，以短期获利为目标的投资者群体越来越庞大，这些投资者将不再关注证券背后的实体经济，这使单纯的金融媒介活动获取了超额的资金，进而实体经济中投资资金不足，使实体经济的扩张和稳健发展受到不良影响，或直接产生萧条。卢卡斯·门科霍夫等（2004）的研究针对德国的金融体系，结果表明德国的实体经济与虚拟经济存在相互背离的倾向，并提出了虚拟经济与实体经济的"背离假说"。虚拟经济与实体经济相互背离，使虚拟经济部门的发展对实体经济部门的外部性为负。即当虚拟经济发展到一定程度时，金融资产价格出现泡沫，投资获利虚高，这时实体生产部门的资金会流入金融市场和房地产市场，以追逐短期利润。Epstein 和 Crotty（2013）对于各行业企业投资的资金来源，企业对于金融产品的投资主要来自内源性融资，而进行实物资本投资的资金主要来源于外源性融资，根据对企业融资状况的分析，观察到近年来金融部门的投融资活动不再以实体企业为主题，开始倾向于消费性借贷。

根据中国人民银行福州中心支行题组（2019）测算，2015 年后，我国实物投资的收益率大幅度低于金融投资的回报率。由于收益率相对较低，金融部门投资活动的目标不再以实体生产部门的生产活动为主，而是在金融与房地产领域内部自我投资一些纯生产性部门的获利周期相对更长，最终获得的利润率也相对更低，无法与金融企业和房地产企业的获利速度相比较。根据张亦春和王国强（2015）的研究，原计划进行生产性投资的企业，在对未来金融投资收益持有理性预期后，也可能转变投资方向。除此之外，金融部门的过度膨胀也使整个部门繁杂臃肿，资金的使用效率与在地区和行业间的分配效率下降。鉴于中国当前的经济体制，金融资源的分配并不完全由市场主导，根据政策导向等因素，房地产行业、建筑行业和公共基础设施建设行业等获利相对较慢的部门可能获得更多的信贷配给，并且这种投资具有某种惯性，使资金不愿脱离这部分企业，在其内部大行投机活动，循环流转。因此，可以做出如下推测，即金融体系规模扩张超过某个临界点，可能会对实体经济部门的资本形成起到阻碍效果，正常情况下对纯实体经济资本形成的促进作用不再完全起效，社会资金配置存在扭曲情况。金融体系过度膨胀，与实体经济规模和发展程度不再匹配，超额发展的部分就会离开实体经济，在"虚拟"经济内部循环起来，吸引实体企业的投资从而对实体企业生产性投资产生挤出。

1. 实证模型设计和数据说明

基于以上理论分析，为了研究金融发展与实体企业资本形成之间的关系，本节中拟建立一个以实体企业部门资本形成额为作被解释变量，全社会金融发展水平为最主要解释变量，加上政府因素、外资因素等控制变量的模型。参考 Cecchetti 和 Kharroubi（2012）的设计，为检验金融发展水平与资本形成可能存在的倒 "U" 形关系，模型中加入金融发展变量的平方项。为了使变量量纲统一，各变量均取对数，根据以上假设拟建立实证模型如下：

$$\ln{(AK)}_{it} = c_{it} + \alpha_{it}\ln{(FD)}_{it} + \beta_{it}\ln^2{(FD)}_{it} + \gamma_{it}\ln{(AP)}_{it} + \eta_{it}\ln{(GOV)}_{it} +$$
$$\lambda_{it}\ln{(INF)}_{it} + \delta_{it}{(FDI)}_{it} + v_{it} \tag{5.1}$$

其中，AK 表示资本形成，FD 表示金融发展水平，AP 表示地区实体经济效益，GOV 表示政府直接干预程度，FDI 表示外商直接投资，INF 表示基础设施，i 取 1～30，表示第 i 个省，t 表示年份。关于变量的设置和数据的选择参见如下说明：

（1）资本形成（AK）。解释变量的设定方面，参考 Cecchetti 等（2012）、赵勇和雷达（2010）的研究设计，选择人均固定资本形成来衡量实体企业的资本形成。由于 1952 年后仅有固定资本形成流量数据的记录，关于存量的数据需要进行测算这里参考陈勇和唐朱昌（2006）的方法，以 2003 年为基期不变价，将全部数据按照不变价处理，以 2000 年为初期，根据各省固定资产形成额分别计算各省每年的固定资产净值的余额，将前一年与后一年的差额算作这一年间固定资本形成额，依次求和计算得到各期期末的固定资本存量值。从业人员方面，取各省第二产业全部从业人员的年度均值。

（2）金融发展（FD）。参考李青原等（2013）及包群和阳佳余（2008）的计算方法，考虑数据的可得性，以及可分割性，这里以各省银行信贷来反映不同地区金融体系的发育程度。由于其他市场所占份额相对较小，并且分省数据难以获得，这里未考虑其他金融市场的发展情况。

（3）地区实体经济效益（AP）。参考曾五一和赵楠（2007）的做法，以第二产业人均企业利润来衡量该省内实体经济企业利润率水平。由于生产性投资的资本是追逐效率的，故而盈利能力更强的实体企业通常会积累更多的资本来进行扩大再生产活动。

（4）政府直接干预程度（GOV）。拟采取刘文革等（2014）的做法，将地方财政支出减去科教文卫支出后的差值与该省 GDP 的比值作为该地区政府直接干预资源配置、削弱市场力量的程度。政府的过度参与使市场配置资源的能力降低，资本可能投入利用效率更高的地区。

（5）外商直接投资（FDI）。通常认为外资的进入会对本国实体经济部门的资本形成产生两个方面的作用：一个是企业获得外商投资，进行生产性投资的资金更充足，于是实体经济整体的生产性投资速度加快；另一个是根据杨新房等（2006）的研究，外商投资通常伴随着技术入股，本土企业获得投资的同时也获得了技术，就会忽略自身的基础性投资。

（6）基础设施（INF）。基础设施一般不仅包含交通性质，如铁路、公路等，还包含社会基础设施，如一些公共建筑等。为了便于计量，以及增加准确性，本节中只计算了交通部分。如刘秉镰等（2010）的研究，铁路、公路等基础设施的建立和维护能够加快资本在各地区之间流动的速度，减少摩擦，使生产成本降低，促进 TFP 的上升，促进实体企业的固定资本投资。本节中参照陈东（2015）和李青原等（2010）的做法，采用交通基础设施中的地区每万人公路长度来衡量该地区的基础设施建设投入情况。

本节所选择的变量指标的计算涉及诸多统计指标，具体地包括地区银行信贷、各省从业人员、各省固定资本、各省级政府年度财政支出、各省外商直接投资等。由于西藏自治区缺少的数据年份很多，这里将其剔除处理。样本区间选择为 2006~2018 年，根据谢平（2008）的研究，2003 年起，国有独资商业银行进行了股份制改革，金融系统内部的控制机制开始独立和完善；并且一行三会的监管格局形成，金融系统运行开始有法可依。

2. 实证结果

（1）单位根检验。为保证计量结果的有效性，需要保证各变量的时间序列数据是平稳的。故而须对每个变量分别进行单位根检验。表5-1 中列出了不同方法下单位根检验的结果，包括 ADF 检验值、PP 检验值和 Levin 检验值。由于面板数据单位根检验方法尚未形成权威且统一的定论，不同方法给出的结论可能不同，故而依据章美姣（2016）的做法，只有当3个检验值全部通过时才认为该变量时间序列通过了平稳性检验。根据表5-1 中结果，全部变量都是一阶单整的，即经一阶差分后的序列不存在单位根。

表 5-1 面板数据单位根检验

变量	Levin 检验值		ADF 检验值		PP 检验值	
	原序列	一阶差分	原序列	一阶差分	原序列	一阶差分
ln（AK）	-4.715 (0.000)	-7.489 (0.000)	38.704 (-0.943)	92.008 (-0.003)	90.408 (-0.005)	251.337 (0.000)
ln（AP）	-5.710 (0.000)	-10.144 (0.000)	57.350 (-0.569)	125.963 (0.000)	174.218 (0.000)	269.992 (0.000)
ln（FD）	-9.749 (0.000)	-14.831 (0.000)	59.350 (-0.612)	199.276 (0.000)	180.274 (0.000)	235.518 (0.000)
$\ln^2$（FD）	-8.517 (0.0000)	-9.213 (0.000)	72.029 (-0.237)	244.686 (0.000)	197.004 (0.0000)	252.925 (0.000)
ln（GOV）	-0.237 (-0.376)	-7.395 (0.000)	63.027 (-0.443)	139.318 (0.000)	129.474 (0.000)	283.468 (0.000)
ln（INF）	-5.903 (0.000)	-7.749 (0.000)	34.892 (-0.872)	82.392 (-0.039)	15.110 (-0.991)	174.964 (0.000)
Ln（FDI）	1.877 (-0.963)	-2.574 (-0.013)	62.777 (-0.439)	125.001 (0.000)	154.283 (0.000)	253.119 (0.000)

（2）协整检验。根据表 5-1 中结果可以认为本节选取的资本形成、外商投资等变量均是一阶单整的，于是考虑对这些变量进行协整检验以考察他们之间的长期均衡关系。若协整检验拒绝原假设，则表示变量之间存在长期稳定的关系，可以建立变量间的协整方程。如果通过协整检验，允许直接采用原始数据进行模型估计，如果未通过协整检验，则应采取其他方法建立模型。这里选择的协整检验技术包括 KAO 方法、Pedroni 方法以及 ADF 方法，检验的变量包括地区固定资本形成、各地区金融发展水平以及其他变量。由表 5-2 可以看出，无论是面板 PP 方法、面板 ADF 方法、分组 PP 方法和分组 ADF 方法，以及 KAO 方法下，本节选择的变量均通过了协整检验。

表 5-2 协整检验结果

检验方法	统计量	P 值
Panel PP-Statistic	-6.9527	0.0000
Panel ADF-Statistic	-2.3671	0.0213
Group PP-Statistic	-8.2018	0.0000
Group ADF-Statistic	-3.5255	0.0183
Kao-ADF	-7.5202	0.0000

（3）面板数据模型估计结果及分析。建立面板回归模型如式（5.1）所示，通过 Hausman 检验在固定效应模型和随机效应模型之间进行选择，结果表明应选择固定效应模型。模型估计结果如表 5-3 所示。系数 R^2 知拟合优度较好，可认为模型设定合理。

表 5-3 固定效应模型估计结果

变量	系数估计值	t 统计量
ln（AK）	0.3721 ***	12.6415
ln（AP）	0.8720 ***	17.7833
ln（FD）	0.8209 ***	3.6240
$\ln^2$（FD）	-0.5760 ***	-13.293
ln（GOV）	0.0693 ***	3.2741
ln（INF）	0.2885 **	11.7231
Ln（FDI）	0.0078 ***	1.9657
常数项	1.7914 ***	20.6526
R^2	0.9361	
调整 R^2	0.9618	
F 统计量	1924.7611	
P 值	0.0000	

注：*、**、***分别表示在 10%、5%、1%水平上显著。

由表 5-3 的固定效应模型估计结果可知，金融发展水平的弹性系数为

0.8209，系数估计值在1%水平上显著，可见，地区金融发展水平高的情况下，该地区工业企业的资本形成增长越快，表明前者对后者的形成有促进作用。并且金融发展水平弹性的平方项的系数为负值，且在1%水平上显著，说明地区金融发展水平对该地区工业资本积累的促进作用呈现先升后降的关系，并且存在一个最高点。这个检验结果与本节开始提出的假设一致，并且符合（Law & Singh，2014）关于金融发展最适规模的阐述。也就是说当其他条件不变的情况下，且金融发展水平较低且工业资本形成水平较低时，单位金融发展水平的上升对于地区资本形成的促进是递增的，而一旦金融发展水平超过某一最适规模，这种促进作用开始呈现递减效应。究其原因，可以归结为以下几个方面：

第一，金融企业的建立与扩张同样需要消耗资源，这些劳动力资源、自然资源、土地等要素都是具有稀缺属性的，这就形成了对实体企业的挤占。并由于金融企业在某些方面（如拉动地方GDP增长方面）更具优势，获利周期更短，在获取资源方面具有相对优势，降低实体企业的生产性投资。近年来银行业利润高企，银行业务中盈利能力较强的一项为管制性利差，为商业银行带来非常可观的收益，这就导致企业融资成本的上升，即金融部门侵占了实体经济部门的利润。

第二，金融体系和实体经济的总量和结构出现失调。在理想的情况下，二者应是相互匹配的，在先后关系上，金融部门扩张的程度应以实体经济总量为基础。当金融部门扩张速度过快，远远高于实体经济对资金需求的增加速度，多余的资金就会进入相对不够优质的项目，或是不进入实体经济部门，而在金融部门内部循环，造成资源浪费和效率的下降。如2015年后大量金融资源流入资本市场，使资本市场泡沫出现，资金使用效率和盈利能力均逐渐降低。综上所述，在金融体系规模过度扩张时，并不一定伴随着工业企业资本形成的扩张。

第三，即便纯实体生产部门获得资金的渠道很多，其融资成本过高的问题仍然值得重视。随着中国金融体系的不断发展，实体企业可以获得资金的渠道不断拓宽。然而地方政府城投债以及房地产部门资金需求量很大，并且城市建设投资公司有政府部门兜底、房地产公司本身资金实力雄厚，对于利率的提升均产生影响。房价上升快，投资房地产获利远高于进行实物资本投资，就会挤占制造业企业等纯实体企业的金融资源。实体经济部门融资成本上升使很多利润较低的企业难以维持资金循环，生产性投资成本过高以至于无法进行扩大生产。综上所述，金融体系的扩张与繁荣虽然能够使实体经济部门获得更多样化的融资方式，然而实体企业融资约束始终存在，融资成本仍然得不到降低，金融体系的扩张对于一些纯实体企业资本积累的影响很可能是负面的。

第四，产业升级政策导向使信贷资源向服务业倾斜。国家产业政策的导向对于银行信贷资金的分配具有重大引导作用，在产业升级的大背景之下，服务业获得信贷资金的成本相对更低，原本流向工业企业的资金越发向服务业产生倾斜。

首先，产业政策调整的直接影响即影响银行信贷资金在产业间的流向。当前产业升级的迫切需求之下，服务业占比提升迅速，对信贷资金的需求量大幅增长，在政策倾斜下服务业获取的信贷资源规模也迅速上升，相应地，第二产业就会受到挤占。其次，金融产业本身也属于服务业的一部分，当产业升级的政策得以实施，金融行业获取的社会去资源也会相应增加，资金在金融行业内部形成循环，呈现脱实向虚的倾向。

（4）金融发展最适规模的计算。通过分析表5-3中金融发展水平指标和其平方项的系数，利用二次函数图像，计算得到函数图像中二次曲线的对称轴为0.7126，说明当金融发展水平值的自然对数高于0.7126，也就是金融发展水平的值高于2.039时，将会不利于实体生产性企业的资本积累。为了将各地区金融发展水平与这个阈值进行比较，下面将2015~2018年各省份金融发展水平均值进行排序。

由于西藏自治区数据缺失年份过多，同时港澳台地区的发展情况也不相同，所以这里只选取了30个省、自治区、直辖市，表5-4中列出了这些地区金融发展水平的计算结果。由表5-4可知，金融发展水平超过阈值2.039的省份共有18个，可见目前大部分地区的金融发展水平已达到了较高的水平，即对生产性实体企业的资本积累的促进作用开始减小。

表5-4 2015~2018年各省份金融发展水平情况

省份	金融发展水平	省份	金融发展水平
北京	7.075	天津	2.406
上海	5.326	重庆	2.246
广东	3.835	江西	2.063
江苏	3.720	山西	2.025
浙江	3.265	云南	2.008
山东	3.167	广西	2.006
四川	3.067	黑龙江	1.979
河北	2.808	贵州	1.882
河南	2.773	吉林	1.797
湖北	2.735	内蒙古	1.794
辽宁	2.684	新疆	1.743
福建	2.635	甘肃	1.637
湖南	2.534	海南	1.567
安徽	2.512	青海	1.563
陕西	2.423	宁夏	1.532

二、对实体企业创新的影响

实体企业金融化的一个主要表现是实体企业生产性投资降低，而过度增加其对金融资产的投资，产生这种现象的根源不仅在于实体经济生产利润下降，也在于虚拟资产泡沫化，其利润虚高[1][2]。实体企业过度金融化对企业造成的伤害可能来源于诸多方面，其中一个重要的影响就是可能会损伤企业创新的积极性。第四章分析实体企业采取减少生产性投资转而进行金融投资的动机可能有两个方面，一是经济环境不佳时，企业暂时性减少生产投资，以期储备足够的流动性，在经济未来向好时进行扩大生产，即处于一种储备性的动机。二是企业存在过度

---

① Krippner, Greta R. Capitalizing on Crisis ［M］. Harvard University Press, 2011.

② Krippner, Greta R. The Financialization of the American Economy ［J］. Socio-Economic Review, 2005, 3（2）: 173, 208.

金融化的倾向，处于替代性动机配置金融资产，则会对未来的实物资本积累产生"挤出"。在对企业创新动机的影响上，企业出于不同的动机增加金融资产的配置，对企业的影响同样存在差异。本节中将基于企业配置金融资产的储备性动机和替代性动机，分别检验其对企业创新动力的影响，观察两种动机下对企业创新动力是产生挤出还是具有促进作用，这将对研究经济过度金融化对实体经济部门带来何种风险，以及如何预防这种风险具有重要意义。

1. 理论分析

实体经济企业创新周期较长，创新投入转化成现金流的过程不确定性较高，企业的创新活动能否投入生产与市场环境、技术革新等关系重大，创新动机受到诸多因素的影响，并且创新投入阶段不能回收资金，依靠银行贷款无法全部满足，故而融资约束问题也普遍存在①。如 Hall（2002）的研究发现，实体企业创新资金投入主要依靠企业内部融资，由于创新回报的不确定性和风险过高，金融机构尤其是银行通常不会提供完全资金。并且，Hall（2002）的研究还发现，内部融资方式也为创新活动带来一些问题，诸如因企业现金流不足而导致创新活动中断，一旦中断，市场形势和技术前沿发生变化，进行一半的创新活动将面临重启或重大调整，企业将受到重大损失。鞠晓生等（2013）的研究表明，企业的创新动力受到融资约束和中断风险等因素的制约，当前处于创新不足的状态。产生融资约束的原因包括市场发育不完全以及信息约束等，金融市场发展的程度也可能对企业创新的决策产生影响。尽管企业创新受到融资约束的影响，金融市场的高度发展对于企业创新未必起到促进作用。金融过度发展可能导致企业过度金融化，是否对企业的创新动力造成损害，取决于企业进行金融投资的动机，如本部分开头的分析。实体企业配置金融资产的动机包括储备性和替代性两种②。其中，替代性动机所配置的金融资产实质上是获取金融部门的高于正常利润的超额

---

① 卢馨，郑阳飞，李建明. 融资约束对企业 R&D 投资的影响研究——来自中国高新技术上市公司的经验证据［J］. 会计研究，2013（5）：51-58.
② 谢家智，王文涛，江源. 制造业金融化、政府控制与技术创新［J］. 经济学动态，2014（11）：78-88.

部分；而储备性动机配置金融资产实质上是下一期的生产性投资，其中蕴含着对未来经营状况的正面预期，这种资金储备既能预防由于外界冲击引起的资金链断裂，也能在未来降低其融资成本。

下面分析两种配置动机下，企业金融化的行为分别可能对企业的创新动力产生何种影响。①当企业基于替代性动机配置金融资产时，一方面企业存在着融资约束，过度进行金融资产投资势必会挤占企业生产性投资的资金；另一方面金融资产获利相对周期更短，其他投入更低，使企业的创新动力受到损害，进一步削减生产性投资，将主业转移到金融投资上，并催生金融市场的泡沫导致恶性循环。此外，企业基于替代性动机配置金融资产，实质上是实体企业金融化的行为，企业的资产泡沫化，资本结构变得更加脆弱，在风险更高的情况下，企业更倾向于将经营目标短期化，而放弃追求长期利益，成本风险双高的创新活动会首先被停止。故而当企业出于替代性动机配置金融资产，这种过度金融化的倾向会严重损害实体企业的创新动力，对企业的创新投入产生明显挤出。②当企业出于储备性动机配置金融资产时，对其创新动力的影响包括以下内容：首先，以投资金融资产方式进行资金储备比现金持有或放入银行账户通常获利更高，此时企业具有长期经营目标，通常条件下不会贸然将资金投入风险过高的金融资产中，更高的资金储备有助于企业稳定收入，保证其有能力对创新活动进行稳定支持；其次，在投资金融资产过程中，企业的经营业绩有所提高，对于企业树立良好信用形象，从其他融资渠道获取资金有利。

综上，出于替代性动机投资金融资产会对企业金融化的倾向产生强化，在融资能力有限的情形下，企业将越多资金投入金融等虚拟资产时，其投入生产中的资金就会更少，研发投入会被动削减，对创新产生挤出。当实体企业出于储备性动机配置金融资产时，将会获得更多现金流，得以对创新活动进行稳定支持，并且企业利润增加，对于其扩大外部融资渠道十分有利，降低融资约束，促使企业加大创新投入。

2. 实体企业金融化行为对其技术创新影响的实证分析

本节将选取实体经济的最主要组成部分——制造业，采用其全行业上市公司作为样本，根据欧拉方程对实体企业创新投入的决定方程进行改进，并使用实际数据对该模型进行估计，估计方法包括 OLS 方法、面板数据方法及广义矩估计方法，对所建立的模型进行估计，以测算制造业企业金融化行为对其技术创新的影响。

（1）模型的设定。在现有的关于创新研究的文献中，对于企业投资的描述，常使用托宾 Q 模型和欧拉方程[①]来刻画。模型由 Tobin 最初提出，并被 Hayashi 加以发展，成为刻画企业投资行为的方程。该模型有一定的局限性，主要体现在对于资本市场环境及市场成熟度的假设过于理想化，以及以何种 Q 值作为统一标准也莫衷一是。由于中国资本市场的实际情况与托宾方程的假设条件并不一致，故而考虑 Abel（1980）提出的另一个刻画企业投资行为的方程——欧拉方程。该方程中不包含公司的股价，模型假设也并非理想化资本市场条件，故而在学术界被更加频繁地使用。鉴于此，本节中也应用 Abel 的欧拉方程来对实体企业创新投资的决策过程进行刻画，参考张军易等（2008）及韦晓乐（2015）的设定，对欧拉方程做出了如式（5.2）的变化：

$$\left(\frac{I}{K}\right)_{t+1} = c\ (1-\varphi_{t+1})\ +\ (1+c)\ \varphi_{t+1}\left(\frac{I}{K}\right)_t - \varphi_{t+1}\left(\frac{I}{K}\right)_t^2 +$$

$$\frac{\varphi_{t+1}}{b\ (\varepsilon-1)}\left(\frac{Y}{K}\right)_t - \frac{\varphi_{t+1}}{b\alpha}\left(\frac{CF}{K}\right)_t + \frac{\varphi_{t+1}}{b\alpha}J_t \qquad (5.2)$$

其中，$\varphi_{t+1} = \frac{p_{t+1}\ (1+r_{t+1})}{p_t\ (1-\delta)}$，$\left(\frac{CF}{K}\right)_t = \frac{p_t Y_t - w_t L_t}{p_t K_t}$ 表示企业营业利润（即现金流）

与期末资本存量之比，$J_t = \left(\frac{p_t^I}{p_t}\right)\left[1 - \frac{p_t^I\ (1-\delta)}{(1+r_t)\ p_t^I}\right]$ 是资金的使用成本。K_t 为企业当

期期末的固定资本余额，r_t 为无风险利率，L_t 为企业投入要素向量，I_t 表示 t 期该企业进行投资的流量数据即资本积累当期值，p_t 表示企业生产的主要产品的价格，w_t 表示生产要素的价格向量，p_t^I 表示金融资产的价格。这里规定风险溢价

---

① 欧拉方程最早由 Abel（1980）提出，它是基于企业价值最大化过程中的一价偏导条件构造出来的，方程的解释变量主要包括滞后一期的投资及其平方项、用以控制非完全竞争的产出变量以及代表税收优势和潜在破产成本的负债变量。关于欧拉方程的介绍可以参照 Bond 和 Meghir（1994）、Laeven（2003）等文献的相关论述。

的表达式为 $\eta_t = \eta$（B_t），企业债务的回报率表达式为（$1+r_t$）（$1+\eta$（B_t）），企业面临的利润函数为 $\Pi_t = \Pi$（K_t，L_t，I_t）。企业的资本存量 K_t 取与企业当期的资本积累额 I_t 和资本折旧率 δ 有关。

借鉴 Li（2008）及 Bilbiie 和 Atraub（2012）的设定，在式（5.2）的基础上构建本节的实证模型以实证检验实体企业创新投入与其金融化程度之间的关联：

$$Inno_{it} = \beta_0 + \beta_1 Inno_{i,t-1} + \beta_2（Inno_{i,t-1}）^2 + \beta_3 CF_{it} + \beta_4 Debt_{it} + \beta_5 Fin_{it} + \beta_6 Size_{it} +$$
$$\beta_7 Age_{it} + \beta_8 Dir\text{-}ceo_{it} + \beta_9 Board_{it} + \mu_j + v_t + \varepsilon_{it} \tag{5.3}$$

由以上理论模型的分析以及相关文献中的说明，可以认为机构投资者对企业的控制对于实体企业的创新投资决策产生影响，尤其当企业以及存在金融化倾向时。为了刻画这一现象，在式（5.3）中加入机构投资者控制强度变量与金融化程度的交叉项（Fin×Fund），得到另一个方程（5.4）：

$$Inno_{it} = \beta_0 + \beta_1 Inno_{i,t-1} + \beta_2（Inno_{i,t-1}）^2 + \beta_3 CF_{it} + \beta_4 Debt_{it} + \beta_5 Fin_{it} + \beta_6 Size_{it} +$$
$$\beta_7 Age_{it} + \beta_8 Dir\text{-}ceo_{it} + \beta_9 Board_{it} + \beta_{11} Fin_{it} \times Fund_{it} + \mu_j + v_t + \varepsilon_{it} \tag{5.4}$$

（2）指标选取与数据说明。由方程（5.4），本部分建立使实证模型主要包含以下方面的变量：企业创新产出、实体企业金融化的程度、实体企业的负债水平、现金持有，其他控制变量包括企业的规模、企业的存续期、董事会与高管分离情况虚拟变量以及基金占有股权的比例等。选择样本为 2010~2021 年全部制造业 A 股上市公司，剔除数据缺失的个体。以下为关于模型中变量的介绍：

1）技术创新。前学术界对于企业创新行为的刻画采用的指标可分为两类，一类是反映创新投入的变量，如研发投入金额等；另一类是反映企业创新成果的指标，如专利数量等，即企业在创新活动中投入的资金和企业创新活动的产出成果。其中 R&D 投入被使用得最为广泛，但是考虑到 R&D 支出仅是企业技术创新活动投入的一部分，创新投入还包括其他各种要素，故而 R&D 作为企业创新能力的代表难免失之偏颇，不能全面反映企业的新技术开发能力。相比之下，无形资产作为创新活动的主要产出成果，包含了大部分创新活动的产出，如专利技术数量、名誉权、著作权、商标权等，这些资产持有的数量直接反映了创新的投入以及产出效率两个方面。由于创新过程面临着很大的不确定性，即投入与产出比例不同企业存在很大的异质性，同一企业不同项目也有很大的差异，本部分拟研究企业脱实向虚倾向于其创新行为的关系，综合考虑投入与产出，则无形资产作为反映实体企业创新行为的变量更为合适，这里借鉴鞠晓生等（2013）和韦晓乐（2015）的研究，选取无形资产占总资产的比重来作为企业技术创新意愿的衡量。

2）金融化程度。为了研究实体企业金融化的程度对其技术创新意愿的影响，即对其技术创新动力损害的风险性，本部分将以企业金融化的程度作为主要解释变量。根据 Orhangazi 等（2008）、Demir 等（2009）的变量设定，金融化的倾向采用企业持有金融资产占其总资产的比重来反映。这里的做法同 Onaran 等（2011）的研究中构建以金融投资的收益、利润分配等为基础的衡量金融化程度的指数，而是采用金融资产持有总额与总资产之比对企业金融化的程度直接进行衡量，原因在于该比值可以更加直接地反映实体企业在经营过程中对金融资产投资的倾向程度。综上，定义金融化变量为 Fin，以企业持有的金融资产占其总资产的比重来表示。

3）公司治理。企业的创新投资决策最终由企业高层管理人员做出，然而控股股东以及董事如果职权不能分离，则股东意愿也会影响企业的经营目标，进而对创新投入决策与产出效率产生影响。故本部分建立的模型中加入了包含股东与董事会两个层面的指标来刻画公司治理结构对于创新决策的影响。股东方面借鉴了鲁桐和党印（2014）的做法，选用股权性质虚拟变量以及机构投资者持股比例来表示。股权性质虚拟变量的取值方面，国有控股企业取值为 1，否则取值为 0。采用机构投资者持股比例来反映机构投资者的控制强度，这里以基金公司持有股权占全部股权的比重来衡量股权的分散程度（记为 Fund）。董事会层面同样设计为包含了董事长与总经理两个职务的分离情况变量（记为 Dir-ceo）与董事会规模变量（记为 Board）的变量集。董事会规模过大会造成决策层人员知识结构冗杂，决策效率降低，使委托—代理矛盾降低，对企业经营目标的长远化有益。董事会规模适度有利于企业创新产出。两职分离程度则能够体现企业职权的独立性，避免因经营者关注短期绩效而引起创新投入与产出效率降低，本部分该变量设为虚拟变量，分离时变量赋值为 1，两个职位为同一人任职时赋值为 0。

4）控制变量。根据现实数据分析以及参考解维敏等（2011）的做法，选择一些同样可能影响企业创新投入的变量，即刻画企业个体间异质性的主要变量，如企业的存续期、企业当期产生的现金流量、企业的规模大小、企业的负债率等。关于企业的存续期，这里采用从注册资本的一年到当期的年限。这里以 Age 来表示企业的存续期，根据存续期长短，企业的经营目标与治理模式会产生变化，进而影响到企业创新投入决策。例如，初创企业为了站稳市场地位，可能选择增加创新投入比例，存续期较长，企业资本积累更丰富，可能更倾向于加大创新投入。企业当期的现金流量则通过影响企业内源性融资的通畅程度来对创新投入决策产生影响。由于研发活动所需资金多通过内源性融资筹得，这时充盈的现金流量对于创新行为是强大的支持后盾，总体而言，现金流越充盈的企业其创新动力越强劲（刘立，2003）。本部分中用来反映现金流量的指标是现金流量净额与总资产之比（记为 CF）。企业规模方面，采用其资产总额的对数刻画（记为 Size）。企业的负债率以总负债比总资产的比值来表示，负债率较高的企业通常偿债压力较大，拿出富余资金来进行创新研发活动的动力相对较小。由于不同行业的企业创新需求差异很大，其他各方面指标也存在行业特征，在模型中加入行业层面的固定效应（μ_t）。同时由于经济环境、通货膨胀、体制和政策因素等随时间变化而变化，这些外界条件对于企业创新动力的影响也非常明显，故而在模型中也加入了时间的固定效应（v_t）。

本部分的实证选取全部制造业 A 股上市公司作为样本，样本区间为 2010~2021 年。某些企业在样本期间内存在停牌、退市等现象，导致数据获取不全，为保证面板数据的整齐性，将这些样本排除，最终得到 1573 个研究样本。本节中的全部数据获取自 CSMAR 经济金融数据库与 Wind 金融资讯，由于部分样本因突发事件或统计失误存在过多异常值，这里参照韦晓乐（2015）的办法，对全部变量取值以 5% 的显著性水平采用 Winsorize 方法对奇异值进行了截断处理。采用 Eviews12.0 软件对所建立的实证模型进行估计。

（3）估计方法选取。本部分面板数据的时间序列长度相对截面宽度非常短，属于短面板，异方差问题可能比较严重，为消除异方差问题导致的估计结果无效，这里使用稳健聚类标准差对估计结果进行修正。模型的解释变量中加入了被解释变量的滞后项，于是模型的设定可能会存在内生性，如不采取措施修正，直接由 PanelData 模型中的常规固定效应与随机效应模型估计，结果将有偏，并且存在非一致性。为了消除内生性的影响，这里拟采用 GMM 方法对内生性进行修正。采用 GMM 方法可以得到无偏、一致且有效的估计结果，差分处理可以消除一些固定效应的影响。根据 Blundell 等（2000），广义矩估计中的 1stepSYSGMM 估计更适用于时间序列长度短、截面宽度大的面板数据。这里为了得到更加稳健的结果，在表 5-6 中列出了 3 种不同估计方法得到的估计系数，如果得到的 1stepSYSGMM 估计的工具变量系数处于混合最小二乘与固定效应模型的工具变量系数中间，则模型的设定与估计的结果可以认为是可信的。

（4）模型估计结果。表 5-5 为主要变量的相关系数矩阵，结果表明解释变量与选取的被解释变量存在显著相关性，并且根据 Lind 等（2002），变量之间的相关系数均低于共线性的门槛值 0.7，可以认为本部分中选取的变量之间不存在共线性。

表 5-5　主要变量的相关系数矩阵

	Inno	Fin	CF	Debt	Size	Age	Dir-ceo	Board	Fund
Inno	1.000								
Fin	-0.225***	1.000							
CF	-0.154**	-0.176***	1.000						
Debt	0.235***	-0.249***	-0.054***	1.000					
Size	-0.157***	-0.132***	0.196***	0.235***	1.000				
Age	0.405***	0.142***	-0.086***	0.108***	0.299***	1.000			
Dir-ceo	-0.203***	-0.288	0.118*	0.346	0.177***	-0.357	1.000		
Board	-0.389***	-0.161***	0.244	0.260***	0.220***	-0.223***	0.336***	1.000	
Fund	-0.246***	-0.137***	0.111***	-0.237**	0.326***	-0.094***	-0.332***	0.093***	1.000

注：*、**和***分别表示在 10%、5%和 1%的水平上显著。

表 5-6 为采用混合 OLS、固定效应和一阶段系统 GMM 估计方法分别对方程 (5.4) 进行估计得到的结果。从表 5-6 中可以看出，混合 OLS 估计结果中技术创新滞后一期项的系数为 0.8923，固定效应模型估计结果中为 0.4136，而 1stepSYSGMM 中工具变量的系数是 0.7889，符合 Bond 等（2001）中关于 GMM 系数结果可信性判断的准则，即处于混合最小二乘估计值与直接采用固定效应模型估计得到的系数结果之间。表 5-7 中还列出了 Hansen 检验，以判断工具变量是否被过度识别。根据 Hansen 检验的结果可知，模型中选取的工具变量可以认为具有有效性。1stepSYSGMM 的估计结果是可靠的。

根据表 5-6 中的结果，三种估计方法中企业金融化变量 Fin 的估计系数均为负值，说明在样本选取的研究期间，尽管金融收益占比逐渐增加，对企业技术创新却有显著的负面影响，说明金融投资的高收益促使制造业企业金融化投资上升，使企业减少创新研发投入，经营目标短期化，制造业企业金融化的行为对其转型发展和长期化经营目标所必要的研发创新投入均起到了一定的抑制作用。其他变量方面，公司治理变量董事会规模对制造业企业研发创新的动力具有助长效应，董事会与总经理职能分离变量的作用则不甚明朗。证券投资基金持股比例对技术创新的影响在 GMM 回归中显著为负，说明机构投资者持股比例增加未能对企业创新研发的长期投入起到积极作用，反而强化了企业投资的短视化，不利于企业技术创新活动的长期进行。

表 5-6　实体企业金融化对其技术创新影响的回归结果

解释变量	混合 OLS	固定效应	一阶段系统 GMM
$Inno_{t-1}$	0.8293*** (31.24)	0.4136*** (4.55)	0.7889*** (13.27)
$Inno_{t-1}^2$	−0.0522*** (−1.16)	−0.5720 (−0.97)	−0.3158 (−0.16)
Fin	−0.0635*** (−3.46)	−0.0183*** (−2.90)	−0.0522*** (−2.74)
CF	0.1088 (1.24)	0.0231* (1.81)	0.0168 (1.11)

解释变量	混合 OLS	固定效应	一阶段系统 GMM
Debt	0.0083 *** (2.96)	0.0216 *** (4.35)	0.0103 * (1.90)
Size	−0.0019 *** (−2.81)	−0.0031 ** (2.49)	−0.0027 *** (3.17)
Age	−0.0012 (−0.33)	0.0002 (0.50)	−0.0027 (−0.53)
Dir-ceo	−0.0007 (−0.72)	0.0018 (0.49)	−0.0194 (0.38)
Board	0.0045 * (1.76)	0.0157 * (1.84)	0.0288 *** (4.43)
Fund	−0.0424 (0.99)	−0.350 (−0.83)	−0.0328 * (1.91)
Constant	0.292 ** (2.33)	0.0440 (1.03)	0.0581 (1.42)
F 统计量	412.77 ***	87.37 ***	86.51 ***
Hansen Test	—	—	158.62
调整 R^2	0.7529	0.1843	—

注：*、** 和 *** 分别表示在 10%、5% 和 1% 的水平上显著，括号中为 t 统计量。

　　本部分在制造业企业金融化倾向产生的前提下，提出过度金融化可能对企业创新动力起到损伤效果的假设，通过理论分析建立了实证模型，采用 1stepSYSGMM 方法消除短面板数据中的异方差效应，并同时以固定效应方法和混合最小二乘方法计算估计结果，与 1stepSYSGMM 方法的结果进行对比，说明了结果的可靠性。结果表明，制造业企业金融化的倾向显著削弱了其开展创新研发活动的动力。实证研究得到的其他结果还包括金融投资的高收益促使制造业企业金融化投资上升，使企业减少创新研发投入，经营目标短期化，制造业企业金融化的行为对其转型发展和长期化经营目标所必要的研发创新投入均起到了一定的抑制作用。

第二节　经济过度金融化的通货膨胀风险

当经济出现过度金融化倾向时，进入金融部门中的货币总量会增加，引起金融部门流动性出现过剩，于是金融部门的产品，即虚拟资产的价格会出现上涨，引起虚假繁荣，出现泡沫化现象。那么虚拟经济中的泡沫是否会通过价格体系传导到实体经济中，从而引发经济的通货膨胀风险呢？本节中拟采用改进的 Fisher 方程，对两个经济部门中的流动性建立联系，并引入两个部门中的产品价格，采用协整模型估计这些变量之间的长期关系，从而对以上问题展开讨论。

一、经济金融化与流动性变化

本节拟在分析实体经济与虚拟经济中货币流动性的基础之上分析经济金融化与流动性的关系，基本原理为费雪方程。式（5.5）中 M、V 和 P、Q 所代表的分别是经济中货币流通总量、货币流通的速度、经济中的价格水平与经济体中的产品总产出。

$$MV = PQ \tag{5.5}$$

从式（5.5）可以看出，费雪方程关注的对象只限于货币与实体经济之间。如今经济发展分化出实体经济与虚拟经济两个部门，仅凭实体经济中货币总量已经不能代替经济中全部的流动性，如果仅将 Q 和 P 理解为产品市场的总产出和产品价格，无疑是不符合实际的。故而本节中将借鉴伍超明（2004）的方法，在费雪方程中加入了对虚拟经济部门流动性的考虑，方程中包含货币部门、虚拟经济和实体经济部门，如式（5.6）所示。

将虚拟经济中虚拟资产的价格一般水平设为 sP，sQ 为虚拟资产的数量。同理 rP 为实体经济中产品的价格指数，而 rQ 为产品的产量。这样可以获得一个两部门的货币数量方程式：

$$MV = rP \times rQ + sP \times sQ \tag{5.6}$$

式（5.6）中以 sP 来表示虚拟经济中产品，如股票、债券等金融产品的价格，以 sQ 来表示金融产品的总量。以 rP 和 rQ 来分别表示经济中产品的价格和产品的总产量。由式（5.6）可看出，货币部门放出的流动性同时存在于实体经济部门和虚拟经济部门（M=rM+sM），三个部门之间存在紧密的内部联系。将式（5.6）中的 rP 与 rQ 的乘积以 rM 表示，即实体经济当中的货币总量，同样地，以 sM 表示式（5.6）中 sP 与 sQ 的乘积，即虚拟经济当中的货币总量，得到式（5.7）：

$$MV = rM \times rV + sM \times sV \tag{5.7}$$

将式（5.7）代入式（5.6），得到：

$$rM \times rV + sM \times sV = rP \times rQ + sP \times sQ \tag{5.8}$$

由式（5.3）和式（5.5）可知：

$$V = \frac{MV}{M} = \frac{rM \times rV + sM \times sV}{rM + sM} = \frac{\dfrac{rM}{sM}rV + sV}{\dfrac{rM}{sM} + 1} \tag{5.9}$$

令 C=rM/sM，即实体经济中与虚拟经济中货币总量之比，于是式（5.9）变形为式（5.10）与式（5.11）：

$$V = \frac{sV + C \times rV}{1 + C} \tag{5.10}$$

$$C = \frac{rM}{sM} = \frac{sV - V}{V - rV} \tag{5.11}$$

从式（5.10）与式（5.11）式可得出，当测算出货币部门的全部货币流通速度、实体经济中货币流通的速度与虚拟经济汇总货币流通的速度时，即可计算出实体与虚拟两部门中流动性总量的比值关系，进而测算出两个部门分别占有的流动性总量。

根据以上理论推导，下面对虚拟经济与实体经济体系中货币流动性的总量进行测算。本节选用 2000~2022 年的月度数据进行测算。

虚拟经济的流通速度以股票市场成交量与股票市场流通总市值之比来代表，原因在于中国规模最大的证券市场为股票市场，股票市场中货币流通速度对于虚拟经济中货币的流通速度具有代表性。数据由 CSMAR 经济金融数据库获得，并且由于数据可得性，股票市场成交量仅可获得月度数据，但市场上全部流通市值是则是存量数据，为此在计算过程中做式（5.12）的处理：

$$虚拟经济中的货币流通速度 = \frac{股票市场月度成交金额}{股票市场流通市值月末值} \times 12 \qquad (5.12)$$

实体经济中货币流通速度计算同样采用实体企业销售总收入除以实体企业公布的期末流动资产总额来表示，其中企业销售收入为流量数据，流动资产余额为存量数据。也可直接采用 Resset 数据库中流动资产的周转率平均值来表示，本节中采用第一种方法进行计算。经济体中全部货币的流通总量以 M2 余额代替，而当期周转总量则可以采用股票市场中周转总量与实体企业货币周转总量之和计算。

从图 5-1 中可以看出，中国经济中的货币流通速度在 2000~2006 年震荡上升，至 2007 年国际金融危机期间，经济活动减弱，货币流通速度随之达到低谷。2009~2012 年再次震荡上行，2015 年后保持较低水平直至 2019 年。2020 年新冠肺炎疫情暴发后，货币流通速度再次随经济活动减弱落入低谷。两个经济部门中货币流通速度的测算如图 5-2 与图 5-3 所示。

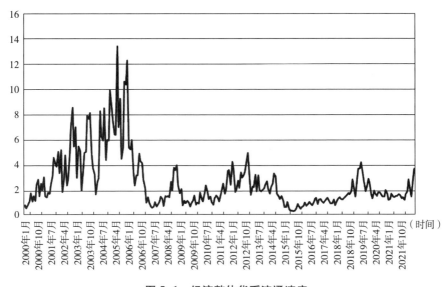

图 5-1　经济整体货币流通速度

资料来源：笔者计算。

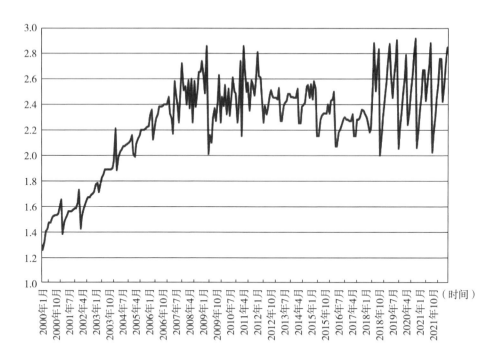

图 5-2　实体经济中的货币流通速度

资料来源：笔者计算。

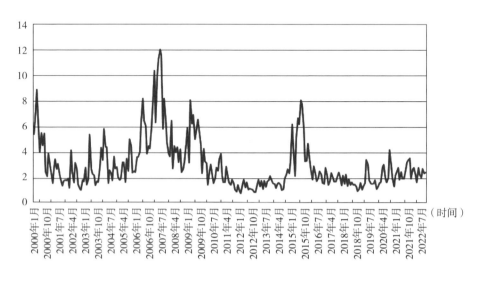

图 5-3　虚拟经济中的货币流通速度

资料来源：笔者计算。

如图 5-2 所示，实体经济中货币流通速度走势较为平稳，2000~2008 年呈逐年上升的趋势，2008 年急剧下降之后回升，2009~2012 年高位震荡，2012~2017 年则缓慢下滑，体现了 2015 年后中国经济发展的新常态。由图 5-3 观察可知，虚拟经济部门中货币流通速度远远超过实体经济部门，并且变化幅度相当大，短时期内可能出现剧烈涨跌，说明经济中存在过度金融化现象，货币流入金融市场致使金融市场中货币流通速度大大加快。在 2007 年与 2015 年金融市场中货币流通速度分别达到了相对较高的位置，反映了这两个时期股票市场的繁荣。

本节中在测算经济整体的货币流动性时，对于货币流动性总规模以 M2 来代替，数据来源于中经网数据库。为了进一步对实体经济与虚拟经济中货币的流动性水平进行测算，设 sL 为虚拟经济部门中的流动性水平，rL 为实体经济部门中的流动性水平，则可分别推导出二者的表达式如式（5.13）和式（5.14）：

$$rL = M_2 \times \frac{C}{1+C} \tag{5.13}$$

$$sL = M_2 \times \frac{1}{1+C} \tag{5.14}$$

使用数据代入式（5.13）与式（5.14），计算得到的两个部门中的流动性水平如图 5-4 所示。根据图 5-4 可知，2000~2005 年，实体经济部门中流动性呈上升趋势，虚拟经济部门中则是稳中有降，该阶段流动性主要投入了实体经济部门。2006~2015 年两个部门中的流动性水平均有较大幅度上升，说明该阶段流动性分配较为协调，实体经济与虚拟经济相互促进，协同增长。值得一提的是 2015 年，虚拟经济部门中流动性陡增，达到历史最高峰，与此同时实体经济中流动性突然下降至 2010 年以来的最低点，表明该年度货币部门的流动性一反常态，大部分进入了虚拟经济部门，经济呈现明显的脱实向虚现象。2015 年后两个部门的流动性水平交互增长，但相差不大，2017 年后再次出现虚拟经济中流动性高于实体经济的现象，且二者加速背离，流动性脱实向虚的苗头再现。

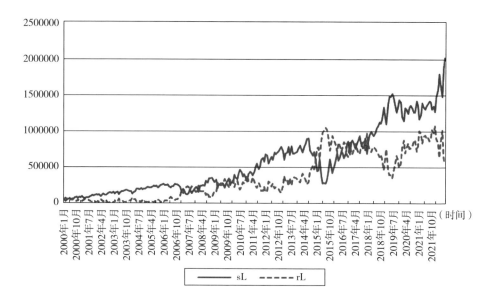

图 5-4 实体经济与虚拟经济中的货币流动性

二、流动性变化与通货膨胀风险

1. 数据说明

本节中通货膨胀水平以 CPI 来代表，价格处理方面以 2000 年为基期，对其后的价格序列进行了调整，并将季度数据进行了季节调整。虚拟经济部门的价格水平方面，基于前文对股票市场代表性的解释，拟选取上证综指代表，计为 SZ。实体经济与虚拟经济中的流动性水平已在第一节通过测算得到。在测算货币"脱实向虚"对通货膨胀风险的作用时，本节将采用 2000~2022 年的月度数据，数据均来源于 CSMAR 经济金融数据库。为了保证不同指标间数量级的统一性，以及保证时间序列数据的平稳性，本节对金额指标进行对数差分处理，即计算各指标的增长率，过程如式（5.15）~式（5.18）所示。

$$DLNCPI = lnCPI - lnCPI(-1) \tag{5.15}$$

$$DLNSZ = lnSZ - lnSZ(-1) \tag{5.16}$$

$$DLNrL = lnrL - lnrL(-1) \tag{5.17}$$

$$DLNsL = lnsL - lnsL(-1) \tag{5.18}$$

2. 单位根检验

由于本书拟采取时间序列模型对数据进行分析，需要保证时间序列的平稳性，故首先对各时间序列进行单位根检验，这里采用 ADF 检验，单位根检验结果如表 5-7 所示，全部变量通过平稳性检验，拒绝存在单位根的原假设。

表 5-7 单位根检验结果

变量	ADF 统计量	P 值	检验结果
DLNCPI	-6. 3488	0. 0000	平稳
DLNsL	-19. 6120	0. 0000	平稳
DLNrL	-13. 6396	0. 0000	平稳
DLNSZ	-12. 9635	0. 0000	平稳

3. 实证结果

本部分采用 Johensen 协整检验来判断序列间的协整关系，结果表明在 5% 的显著性水平上拒绝原假设，即四个序列之间至少存在三个协整向量，四个变量之间具有长期稳定的均衡关系，检验结果如表 5-8 所示。

表 5-8 Johensen 协整检验结果

原假设	特征值	迹检验统计量	0.05 临界值	P 值
不存在协整关系	0. 2875	183. 8334	47. 8561	0. 0000
至多存在 1 个协整关系	0. 2049	112. 6542	29. 7971	0. 0000
至多存在 2 个协整关系	0. 1608	64. 49298	15. 4947	0. 0000
至多存在 3 个协整关系	0. 1235	27. 6756	3. 8415	0. 0000

在对 VAR 模型进行变量滞后阶数选择时，计算了极大似然估计量、LR 估计量、FPE 估计量以及 AIC、SC 和 HQ 估计量，选择的阶数应使这些统计量中最多数量符合。一方面应使滞后阶数尽量大，避免时间序列数据中信息的浪费，另一方面

需要考虑模型的精简性以及自由度的问题。使用 EViews12.0 软件对滞后阶数进行判断，各统计量计算结果如表 5-9 所示，由结果可知，滞后阶数应选择为 2。

表 5-9　滞后阶数选择

滞后阶数	LogL	LR	FPE	AIC	SC	HQ
0	1206.489	NA	1.06e-10	-11.618	-11.554	-11.592
1	1251.247	87.353	8.01e-11	-11.896	-11.574*	-11.766
2	1279.156	53.392	7.14e-11*	-12.011*	-11.432	-11.777*
3	1289.321	19.052	7.56e-11	-11.955	-11.118	-11.616
4	1309.252	36.588	7.28e-11	-11.993	-10.898	-11.550
5	1317.181	14.251	7.88e-11	-11.915	-10.562	-11.368
6	1334.119	29.784*	7.83e-11	-11.924	-10.314	-11.273
7	1340.497	10.969	8.61e-11	-11.831	-9.9633	-11.076
8	1354.730	23.928	8.79e-11	-11.814	-9.6886	-10.954

利用 EViews12.0 软件对 VAR 模型的参数进行估计，结果如表 5-10 所示。

表 5-10　VAR 模型估计结果

	DLNCPI	DLNRL	DLNSL	DLNSZ
DLNCPI（-1）	0.0439* (0.0198)	-1.5547* (0.6633)	7.3669* (2.9745)	0.9191* (0.1053)
DLNCPI（-2）	0.1178* (0.0505)	2.1802 (1.4773)	-3.1716* (1.0029)	-1.1029 (0.7140)
DLNRL（-1）	-0.03847* (0.0050)	-0.1800* (0.0243)	-0.1843 (0.2121)	0.0656* (0.0246)
DLNRL（-2）	-0.2216* (0.0048)	-0.2525* (0.0997)	0.1721* (0.2026)	0.1695* (0.0617)
DLNSL（-1）	-0.0292* (0.0026)	0.1281* (0.0537)	0.4418* (0.1092)	0.0253 (0.0332)

续表

	DLNCPI	DLNRL	DLNSL	DLNSZ
DLNSL（−2）	−0.0038* （0.0019）	−0.0223 （0.0528	−0.0175 （0.1073）	0.0471* （0.0127）
DLNSZ（−1）	−0.0006 （0.0059）	−0.8326* （0.1237）	0.8638* （0.2514）	0.1060 （0.0765）
DLNSZ（−2）	0.0142* （0.0063）	0.2102 （0.1319）	−0.2689* （0.1182）	0.2092* （0.0816）
C	0.0021* （0.0004）	0.0194* （0.0090）	0.0155 （0.0183）	−0.0228* （0.0056）

注：*表示在10%的水平上显著。

为了考察经济脱实向虚对通货膨胀率的影响，下面对实体经济中流动性水平、虚拟经济中货币流动性水平以及通货膨胀水平三个变量进行 Granger 因果关系检验，滞后阶数选择同模型中滞后阶数，检验结果如表5-11所示。

表5-11 Granger 因果关系检验结果

原假设	卡方统计量	P 值
DLNCPI 不是 DLNrL 的 Granger 原因	3.1509	0.2069
DLNrL 不是 DLNCPI 的 Granger 原因	9.6753	0.0129
DLNCPI 不是 DLNsL 的 Granger 原因	6.9946	0.0303
DLNsL 不是 DLNCPI 的 Granger 原因	8.1358	0.0281
DLNsL 不是 DLNSZ 的 Granger 原因	7.6623	0.0217
DLNSZ 不是 DLNsL 的 Granger 原因	13.2068	0.0014

由表5-11可看出，在5%的水平上显著，DLNrL 不是 DLNCPI 的 Granger 原因，DLNCPI 不是 DLNrL 的 Granger 原因。表明实体经济中货币流动性升高能够显著引起物价上涨，同时物价水平上升不能显著引起实体经济中货币流动性上升。但虚拟经济中货币流动性上升能够显著引起价格水平上升，且价格水平上升能显著引起虚拟经济中货币流动性上升。即当经济脱实向虚时，虚拟经济中货币

流动性的升高可带来整个经济体中价格水平上升的风险。虚拟经济中货币流动性上升是资产价格上升的 Granger 原因，并且资产价格上升也能够引起虚拟经济中货币流动性上升，二者相互促进形成自我强化机制，与本书第四章结论一致。

为分析经济脱实向虚的通货膨胀风险的程度以及持续期，下面将对实体经济和虚拟经济中流动性水平与通货膨胀水平对于物价指数与股票价格指数进行脉冲响应分析，结果如图 5-5 所示。

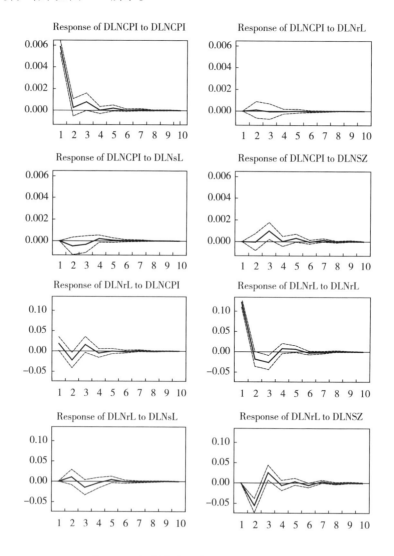

图 5-5　各变量冲击的脉冲响应函数图像

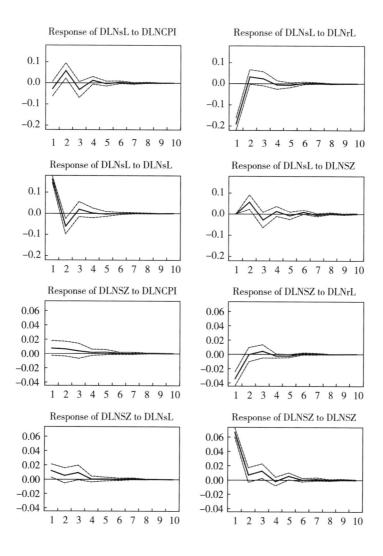

图5-5 各变量冲击的脉冲响应函数图像（续）

从图5-5可知，实体经济中流动性的提高会使产品价格上涨指数升高，但影响自第2期才开始显现，并于第4期后基本消失。上证指数对于虚拟经济中货币流动性升高1单位的反应是先同向后反向，并于4期之后趋近于0。实体商品价格上升对虚拟经济中货币流动性水平1单位冲击的反应是先负后正的，并且在第4期后才转为同向。表明经济金融化在最开始引起产品价格的下降，但一定持续期后可能会有通胀率上升的风险。上证指数即虚拟资产价格对产品价格的冲击效果自第1期后开始显现，在第 3 期达到峰值，并于第 4 期后逐渐消失。可以得出结论，流动性变化在实体经济中与在虚拟经济中的影响并不相同，实体经济中流动性的上升对产品价格始终产生正向影响，然而虚拟经济中一旦出现流动性过剩的情况，则先引起虚拟经济内部产品的价格，即资产价格的上升，一定持续期（根据本节的测算为 3 期）之后由虚拟经济部门影响实体经济部门，引发实体经济部门的通货膨胀风险。

4. 结果分析

根据本节的实证结果，经济金融化在货币金融领域可能引起价格泡沫的风险。实体经济中流动性的提高会使 CPI 在很长一段时间内有所上升，不是立即上升，而是存在一定的反应区间。而当经济脱实向虚引发虚拟经济中货币流动性上升时，对 CPI 的影响先负后正。即虚拟经济中流动性提高使得实体经济中流动性水平下降，故而 CPI 会在一段时间内下降，但经过金融市场通过超热大宗商品等方法促使实体经济中产品价格上升，则会在一段时间后使得 CPI 提高，引发通货膨胀的风险。

本节脉冲响应分析还得到如下结果：虚拟经济中流动性水平提升会使 CPI 在 2 期后开始上行，即存在 2 期的缓冲阶段，随后影响逐渐消失。而上证指数上升 1 单位时，对 CPI 产生的乔乐斯基冲击先为负，4 期之后变为正向冲击，随后逐渐消失。这个结果可以解释为，当经济脱实向虚，证券市场中的流动性大于虚拟经济规模的实际需求，在推高证券产品价格之后溢出到实体经济领域，通过证券价格传导到过度进行金融投资的实体企业，推高产品价格。还有一个可能的传导渠道是通过对大宗商品的炒作，使产品价格上涨，出现通货膨胀。

当经济过度金融化，金融系统内过剩的流动性进入实体经济，将会同时推高实体经济部门产品的供给和需求，但虚拟经济部门内金融产品的价格会先于实体经济中产品的价格发生变动。这些过剩的流动性进入虚拟经济部门，引起资产泡沫，资产价格的上涨又使在金融化背景下过度投资金融资产的实体企业获得更高的投资收益，促进产品市场价格短期内提高。即通货膨胀风险是由于虚拟经济泡沫传导而来的。

第六章

促进金融与实体经济良性循环的政策建议

振兴实体经济是推进供给侧结构性改革的重要内容。基于前文结论，振兴实体经济，引导金融资源合理支持实体经济发展，需要针对我国经济金融化的程度与特点，从产业政策、财税政策、金融政策等方面引导，把握好金融监管、去杠杆和维护市场稳定之间的动态平衡性，加强监管、防范风险、保持稳定的流动性。不仅要引导金融机构审慎经营，还要从企业端入手，加快培育新兴产业，进而改善金融发展背离实体经济、二者良性循环发展受阻的现象。本章将根据前文实体企业、经营环境与金融三个层面的研究结论，有针对性地分别提出引导金融与实体经济平衡发展、促进金融与实体经济良性循环的政策建议。

第一节　产业政策

一、产能调整

为支持实体经济发展，首先应继续深化供给侧改革，为实体企业提供更好的发展环境。同时实体企业应加强自身产品与服务的升级，在市场中取得地位，避免过度金融投资与投机活动。根据前文的分析，由于内需减少，出口环境复杂、成本升高等因素，实体企业利润逐渐降低。但与此同时，金融投资的收益率持续上涨，主营业务利润降低与金融收益率的提高同时导致了实体企业金融化的倾向。过去依靠投资拉动的增长方式以及体制原因引起的国有企业经营过于僵化，造成了实体经济部门出现产能过剩。部分国有企业盲目追求规模扩大，忽略市场承接能力而一味进行投资，导致大量产能过剩，如光伏行业大量企业倒闭，最终损失落在政府财政上，而这些企业由于责任无须自负，下一轮投资中继续增加产能，形成恶性循环。并且，与产能过剩相对的是需求不足，生产出来的产品积压在库存账上，尽管其本身属于生产性投资，后续却不能获得现金流，企业在破产前的一段时间内为寻求资金，会以更高风险进入金融市场，致使其过度金融化的发生。根据李扬（2013）的研究，在过去一个阶段，全国工业企业的产能利用效率相对较低，相当程度上落后于世界平均水平。故而去库存、国有企业转型升级、化解过剩产能是走出金融与实体经济平衡发展的关键一步，需要中国政府充分利用产业政策，发挥供给侧改革的引导作用，切实贯彻"引进去，走出来"的方针，在确立好新兴战略产业结构的情形下引导生产要素与金融资源向这些产业倾斜，如龚关和胡关亮（2013）的研究中认为，制造业TFP的提高需要国家引导资本、劳动与能源等资源的倾斜，这些资源的获得将使制造业TFP有明显提高。因此积极引导企业创新，大力发展中国智造，提升中国制造业在全球产业链中的地位，是防控经济过度金融化、畅通"双循环"背景下金融与实体经济形成良性循环的重要一环。中国制造业小微企业数量众多，政府在制定引导产业升级的产业政策时，应当充分考虑这种特征，将重点放在引导企业并购、联合、重组等方面，使产业分散程度减弱，使企业有实力进行研发活动，促进产业升级以及提升企业竞争能力。政府同时应对这些战略性新兴产业企业提供业务支持，随时整合市场数据供企业查询，以达到精准生产、防止产能堆积的目的。

二、技术创新及产业升级

改革开放以后，中国经济始终保持较高的增长速度，其中制造业产值在国际上也处于领先地位。但经济发展速度加快的同时，也应发现我国在工业化进程中存在的一些结构性问题，如过于依靠投资拉动增长，产出效率不高、能耗过大等方面，这些粗放型发展方式制约了我国制造业的可持续发展。因此，一些企业寻求提高市场地位，依靠引进技术升级自身产品，占据国内市场的高端位置。这种做法在一定程度上改善了国内制造业企业的竞争环境，通过以技术和质量取胜，但是也存在限制，即企业依靠引进提升技术，引进费用高，技术依然落后于世界一线，并且不具有长期稳定性，中国制造业企业在提升自主创新能力、加大创新投入、提升产业链地位方面还有很长的路要走。针对此种现象，中国政府提出了"提高自主创新能力、建设创新型国家"的目标，聚焦于制造业企业的自主创新能力的提升和产品技术的转型升级，为制造业企业提升国际地位、增加竞争力打下了基础。

（1）根据市场需求精准化产品创新。根据实证研究结果，当经济出现过度金融化倾向时，国有企业相对于非国有企业更易出现过度金融投资的行为，并且这种倾向随着国有控股程度的增加而加强。因此，发挥市场的调节和筛选作用，加强民营企业发展，将对抵御金融化可能产生的风险起到重要作用。目前在供需不平衡、产能过剩的现状下，一定程度上供给决定需求，尤其是制造业。制造业企业应当针对市场做好调研工作，根据需求制定生产方案，并更新产品，进行研发和创新。一方面应当保证制造业产品的质量，制定生产标准；另一方面应提高其科技含量，在节约生产成本的情况下达到最高的附加值，并使其服务于产品相融合，更好地应对日新月异的市场需求。不仅应对产品的使用性能、环保程度等进行针对性提高，还应提升产品外包装，为提高销量做充分准备。

（2）提高自主创新能力，推进技术革新。制造业企业在过去普遍依靠 FDI 和从国外引进新技术等方法获取技术，而非企业自主研发创新，这种"金融化模式"会进一步削弱企业的自主创新能力，在技术引进相对容易的情形下，企业的 R&D 投入会持续减少（金碚等，2006；李光泗和沈坤荣，2011）。故而在人口红利下降，制造业企业面临更高的原材料成本和劳动力成本的情形下，产业升级与企业的转型都对企业的自主创新能力和投入力度提出了新的要求。当前国际形势复杂严峻，国际竞争进一步加剧，国内国际双循环格局已经打开，更需要中国企业提高自主创新能力，推进技术革新，培育自己的创新人才团队，加大 R&D 投入力度，形成自主创新核心竞争力，通过产业政策引导金融行业倾向新兴战略性产业，引导实体企业关注自身发展，增加创新能力，提高竞争力，减少实体企业由于竞争力不强利润下降而产生脱实向虚的倾向。

（3）鼓励企业创新，优化创新融资环境。企业创新活动通常需要大规模的资金，因此保证企业获得稳定的收入是使其拥有足够创新动力的关键。前文研究结果表明，经济金融化使得实体企业资金大量流入金融部门，扩张主营业务的意愿减弱，而创新研发活动更大程度上依赖于企业的内部融资，当企业现金流量减少时，只有采用外源融资来解决创新研发活动的资金需求，故而拓展实体企业外源融资的渠道是十分必要的。这就对金融市场的升级提出了更高要求，资本市场的多层次化、金融机构与产品的多样化，应涵盖适合不同规模、不同经营状况、不同行业企业的融资需求，为企业进行创新活动提供便利。除金融机构外，政府也应建立担保机构，规范化监管框架，为实体企业转型升级提供助力，使金融资源更多地流向新兴战略性、未来前景看好的产业。

（4）发挥金融发展在数字化水平对技术创新的影响过程中的正向调节作用，推动数字化经济和金融业同步发展。强化金融服务功能，利用多种金融手段为企业提供有效的资金支持，提高企业技术创新水平。

第二节　财税政策

一、结构性减税与财政补贴

由于国有企业在经济金融化背景下更容易过度增加金融投资，挤出自身的创新投入与生产投资，故而为防范金融脱实向虚风险，政府应以财税政策激励为手段，为中小民营企业的融资和发展提供支持。当前，国家为了帮助中小企业的经营与发展，采取了财政补贴与税收优惠等政策。其中的税收补贴是直接降低中小企业资金负担的一种财税政策，能够通过降低税收直接对中小企业的资金提供补助，并且随着经营业绩的提升，获得的税收补贴也更多。

基于减税降费主要通过弱化企业金融化的"投资替代"动机和"实体中介"动机发挥政策作用，因此在持续推进减税降费的一揽子政策的基础上，还需发挥好财税与金融体制改革的协调效应，形成政策合力；进一步推进金融体系市场化改革，畅通企业融资渠道，将企业创新绩效与减税降费的经济金融化治理进行挂钩，实现金融与实体经济之间良性循环机制的畅通无阻。

财政补贴方面，主要是由政府出资，直接向中小企业提供资金方面的资助。财政补贴对于中小企业的扩大经营和发展同样十分关键。财政补贴政策的主要目的是使中小企业获得更长的存续期，从而增加就业人员容纳量，为社会安全稳定做出贡献。财政补贴主要包括以下三个方面的内容：第一，专门针对实体经济企业的研发项目提供一定比例的资金，资助其研发创新，增强自主创新核心竞争力。第二，对实体经济企业容纳更多就业人员提供奖励，每当实体经济企业解决一个新员工的就业，政府拨出一部分款项给企业资助其发展。第三，下岗再就业人员进行实体经济方面的创业活动应予以补贴支持，充分发挥创业对就业的带动能力，如对实体企业员工培训、创新人才出国学习等提供补贴资助。通过这些渠道对实体企业的各项经济活动提供支持，促进实体企业的发展旺盛，防范经济过度金融化的风险。

二、税外收费的规范

近年来，减税降费政策力度前所未有。2021 年全年新增减税降费约 1.1 万亿元，2022 年，组合式、规模性减税降费政策已经在路上，为市场主体减负担、添动力的政策红利还将持续释放。2022 年在新冠肺炎疫情影响下，实体企业尤其是中小企业面临需求下降的困境，中小微企业是保证产业链、供应链畅通的重要环节，应进一步聚焦制造业高质量发展、小微企业和个体工商户等，加大组合式减税降费政策力度，支持实体经济健康发展。

三、扶持中小企业

实体经济企业相比金融企业需要更多的从业人员。因此，能够容纳大量就业人员的中小企业的发展，在解决失业问题、维护社会安全稳定方面起到至关重要的作用。降低中国实体经济产业所得税，促进产业度过转型升级的阵痛期，就要求政策关注中小企业，给予政策扶持，保证其有充足资金度过初创期，得以进入依靠技术和创新获取市场地位的阶段，在中小企业研发费用的扣税方面应进一步加大力度，放宽这一减税项目的实施领域。为更加高效地将《国家中长期科学和技术发展规划纲要》落到实处，使实体企业形成良好的创新发展氛围，一些高新技术产业的中小企业初创期融资困难，可以制定相应的财税政策，如对其关联的天使投资机构实行减免税负等，或是使其创新研发投入等额减免税收额，并在其出现经营不善、短期亏损时，允许其破产清算的期限延长，以提高这类企业的生存率等。

第三节　金融政策

一、银行信贷结构

实体企业中，企业最主要的融资渠道仍然是银行贷款，因此要解决实体企业融资困难的问题，还应先从银行贷款政策方面入手。对于银行信贷结构方面，应使其改变以往大企业独占鳌头的局面，逐渐向小微企业倾斜，保证小微企业在同等条件下，能够相对容易并且以更低的利率获得贷款。

第一，应使银行贷款对实体企业的扶持落到实处。具体地，应修改当前所有企业都使用的授信体系，制定针对中小企业特点并适当放宽要求的信用评级体系，并建立在对各行业中小企业经营状况、资本充足率等财务和信用特征充分的调查了解上。解决中小民营企业的融资问题，需要发挥好民营银行的作用。尽管当前国内民营银行规模较小，抵御风险的能力不强，面临较严格的监管环境，在未来一定程度上放宽监管，在营造市场化、竞争性的经营环境时，应当能够发挥其扶持中小实体企业的作用，盘活民营金融机构的民营资本，抵御经济过度金融化带来的风险。

第二，现有的银行贷款种类已经不能满足多样化行业、多元化中小企业的融资要求。中小实体企业在采用银行信贷进行融资时，具有贷款金额相对更少、贷款周期相对更短等特殊性。故而银行在融资贷款产品的设计时，应当充分考虑中小企业这些特点，发展适应性更强的产品，以增强自身在产品中的获利以及抵御风险的能力。

第三，银行在处理中小企业贷款的过程中，应当在规范管理的同时，适当放开审批手续，减轻审批的复杂程度。在审批贷款的制度方面，应当重点关注企业的资金投向、还款资金的来源以及项目的预期收益等，依据项目的不同特点设定不同的审批规则，以保证审批的灵活性和安全性。

第四，在具体授信过程中，应当提高对实体中小企业的服务意识，并对于信用状况不同的企业酌情处理。对于信用记录优良，本身收入来源较为稳定的企业，尤其是行业前景较好的战略性新兴产业的企业，对其贷款申请应简化审查的程序，适当提升贷款的额度。

综上所述，要达到引导金融与实体经济平衡发展，防范可能的"脱实向虚"带来的风险，使金融回归于服务实体经济的本位，对银行业调整信贷规模提出了新的要求。应当使更多的银行贷款进入实体生产部门，最典型的就是制造业企业。中国的银行业对于实体经济融资环节至关重要，理应为确保落实银行信贷资金流向实体经济部门做出战略性调整。制造业子行业繁多，如果获得信贷资金的机会均等，就会有效防止资金在某一领域堆积，从而引发行业泡沫的现象。在金融与实体经济结合日益紧密的背景下，更要求银行业加强落实银保监会文件，调整信贷结构，强化对资金投向的监管，保证贷款资金按照计划投入使用，即所谓的"受托支付"。同时，监管部门和商业银行本身也应当加大监管力度，从源头上制止企业过度金融化，防范实体企业过度金融化的各类风险。

二、利率关系调整

加速利率市场化进程，有助于资金流入融资需求更迫切的中小企业中。在当前贷款利率有所管制的情形下，银行无须通过严格审查来寻找高收益项目，即可获得高利润，从此失去了授信与高科技中小企业的动力。利率市场化则有助于抑制信贷资金的扭曲配置，可以使稀缺的信贷资金流向需求最迫切、资金的边际回报最高的中小企业中。当前深化利率市场化改革的进程中，对于利率的管制逐渐放松，市场化的利率体系逐渐建立，对于削弱大型国有企业固有的借贷优势非常有利，市场化的利率要求银行严格审批项目的未来收益、企业的管理水平、行业的未来前景等，从而客观估计其信用风险，并决定信贷资金最终的投向，对于银行利润的获取和风险的规避、对于实体中小企业的长远发展均十分关键。此外，尽管市场化利率可能带来利率短期的上涨，表明上来看增加了中小企业的融资成本，但实际上对于中小企业整个群体而言，可以获得的贷款总额是上升的，可以使其获取更充分的资金进行生产性投资、创新研发等。因此，利率市场化改革对于促进实体中小企业发展意义重大，对于防范经济过度金融化的风险同样具有重要作用。

三、营造金融与制造业协同发展的良好生态

进一步规范地方政府项目、融资平台以及房地产行业的融资，降低其在金融资源配置中的比重，保证更多的金融资源投入支持实体经济中。银行业优化重点领域金融服务，加大对传统产业在设备更新、技术改造、绿色转型发展等方面的中长期资金支持；完善宏观审慎评估体系，引导国有大型银行发挥支持制造业的头雁效应。积极稳妥发展供应链金融服务，为产业链上下游企业提供方便快捷的金融服务，打通金融资源在实体经济内部流通的每个环节。进一步完善风险分担机制，整合优化地方各类制造业支持资金，建立健全贷款损失补偿、风险分担以及费用补贴机制，发挥财政奖补贴息作用，合理运用信用保证保险的增信功能，构建多元化的风险分担体系等。

第七章

研究结论及后续研究

金融与实体经济之间的关系是近年来我国经济需要重点关注的结构性问题。近年来，金融与实体经济之间仍存在一定的发展不平衡、循环不通畅的问题，其主要的表现包括以下方面：经济中资金由实体经济部门如第一、第二产业流向金融部门以及房地产部门，从而引发实体经济部门资金缺乏，甚至"缺血"情况。这种"脱实向虚"现象的本质是实体产业金融化，或可称之为产业空心化。这些现象的产生，对近年来中国经济整体发展产生了一些不良影响，诸如加速金融体系和房地产市场泡沫的形成、对实体经济投资产生"挤出"等。本书按照"问题的提出—相关理论及文献梳理—现状—原因—风险—解决路径"的逻辑结构展开，对经济金融化具体特点和程度进行了度量；从实业层面、经营环境层面和金融层面三个角度对经济金融化的结构性原因和传导机制进行了理论和实证分析；对经济金融化这一现象是否会带来实体企业资本积累"挤出"风险、资产价格泡沫和通货膨胀风险进行了实证研究；最终依据研究结论提出了引导金融与实体经济协调发展、促进金融与实体经济之间形成良性循环的政策建议。

本书的主要研究结论如下：

1. 经济金融化的原因

（1）实业层面，制造业上市公司金融化的内在原因主要是对主营业务利润率的悲观预期以及金融投资收益率的高企，制造业企业创新能力总体不足，不能有效通过创新抑制企业经营目标的短期化；机构投资者对企业的控制也加剧了企业金融化的程度，对实体企业金融化的行为起到了助推作用；实体企业的金融化水平受其融资能力的影响较大。

（2）经营环境层面，尽管地区之间的竞争性行为可能在某些方面提高金融资源的分配效率，但地区之间的过度竞争将会使资源的流动失去市场规律导向，一些发达地区依靠自身经济实力获取大量金融资源，但其本身对于金融资源的利用能力并不强，或是该地区的金融资源积累已经超过了边际效益递增的范围；企业实际税负对实体企业金融化程度产生正面影响，税负水平较低的企业，金融化程度就较低，降低企业实际税负能够有效降低企业金融投机的倾向，使企业资本充足率更高，更倾向于发展其主营业务，从而防范实体企业过度金融化的风险。

（3）在经济金融化情况出现时，存在货币增速剪刀差与资产价格相互作用程度加剧的现象，此时利率水平的高低会影响经济金融化的程度。低利率状态下，资产价格与货币增速剪刀差的正向关联更明显；利率低到一定程度时，名义利率的提升将使货币增速剪刀差显著扩大，这时货币政策如进一步收紧将使资金活化程度进一步降低，影响货币金融资源支持实体经济。

2. 经济过度金融化的风险

（1）地区金融发展水平对该地区工业资本积累的促进作用呈现先升后降的关系，并且存在一个最高点。对该阈值进行测算分析发现，当金融发展水平超过2.039时，将会对工业企业的资本形成产生一定的负面作用，超过这一阈值的省份共18个。

（2）以制造业为代表，在实体企业利润下降、产能过剩的转型升级关键阶段，企业投资金融化的程度会对其技术创新的意愿产生负面影响。

（3）当经济出现金融化倾向，金融部门的流动性短期内迅速积累，这种流动性过剩在初期的影响只体现在虚拟资产上，包括期货价格上升、股票市场泡沫等，但推高了虚拟资产的价格后，通过价格传导体系流入实体经济部门，这些虚拟资产的价格泡沫逐渐流入实体经济，根据测算在虚拟经济中的流动性冲击出现约4期后，实体经济部门的产品价格也会出现上升，即金融化可能引发商品价格的普遍上涨。

由于研究时间和笔者能力的限制，本书存在一定的缺陷和不足之处。如第四章和第五章的实证部分，研究样本主要选择了实体经济中较有代表性的制造业企业，研究结果的稳健和全面性有所欠缺，另外本书缺少产业层面的细分研究，如研究不同行业实体企业投资金融资产的异质性、传统制造业与先进制造业在吸引金融资本方面有何差异等。这些不足之处将作为后续研究的动力和切入点。

参考文献

[1] Akkemik K. Ali, Özen Sukru. Macroeconomic and Instituional Determination of Financialization of Non-financial Firms: Case Study of Turkey [J]. Socio-Economic Review, 2013: 1-28.

[2] Bai J, Perron P. Computation and Analysis of Multiple Structral Change Models [J]. Journal of Aoolied Econometrics, 2003, 18 (1): 1-22.

[3] Baum C F, Caglayan M, Ozkan N, et al. The Impact of Macroeconomic Uncertainty on Non-Financial Firm's Demand for Liquidity [J]. Review of Financial Economics, 2006, 15 (4): 289-304.

[4] Bernanke B, Gertler M. Monetary Policy and Asset Price Volatility [J]. New Challenges for Monetary Policy. Proceedings of Symposium Sponsored by the Federal Reserve Bank of Kansas City, Jackson Hole, Wyoming, 1999: 77-128.

[5] Blundell, Bond. Intial Conditions and Moment Restriction sin Dynamic Panal Data Model [J]. Journal of Econometrics, 1998, 87 (1): 115-143.

[6] Boyreau-Debray Genevieve, Shang-Jin Wei. Can China Grow Faster? A Diagnosis on the Fragmentation of the Domestic Capital Market [R]. IMF Working Paper, 2003.

[7] Brunner K, Meltzer H. Friedman's Monetary Theory [J]. Journal of Political Economy, 1967, 80 (5): 837-851.

[8] Byrne J P, Davis E P. Investment and Uncertainty in the G7 [J]. Review of World Economics, 2005, 141 (1): 1-32.

［9］ Caporalea G, Spagnolob N. Asset Prices and Output Growth Volatility: The Effects of Financial Crises ［J］. Economics Letters, 2003, 79: 69-74.

［10］ Cecchetti S G, E Kharroubi. Reassessing the Impact of Finance on Growth ［R］. Bank for International Settlements, 2012.

［11］ Chang. Financial Development and Economic Growth in Mainland China: A Note on Testing Demand Following or Supply Leading Hypothesis ［J］. Applied Economic Letters, 2002 (9): 869-873.

［12］ Crochane J. Financial Markets and Teal Economy ［J］. Foundations and Trends in Finance, 2005, 1: 1-101.

［13］ Crotty J. Owner-management Conflict and Financial Theories of Investment Instability: A Critical Assessment of Keynes ［J］. Journal of Post Keynesian Economics, 1990, 12: 519-542.

［14］ Crotty J. The Effects of Increased Product Market Competition and Changes in Financial Markets on the Performance of Nonfinancial Corporations in the Neoliberal Era ［D］. University of Massachusetts Amherst, 2002.

［15］ Crotty J. The Neoliberal Paradox: The Impact of Destructive Product Market Competition and Modern Financial Markets on Nonfinancial Corporation Performance in the Neoliberal Era ［R］. Financialization and the World Economy, 2005: 77-110.

［16］ Crotty J. Profound Structural Flaws in the US Financial System that Helped Cause the Financial Crisis ［J］. Economic and Political Weekly, 2009, 44.

［17］ Demir F. Financialization and Manufacturing Firm Profitability under Uncertainty and Macroeconomic Volatility: Evidence from an Emerging Market ［J］. Review of Development Economics, 2009, 13 (4): 592-609.

［18］ Dumenil G, Levy D. The Real and Financial Components of Profitability (United States, 1952-2000) ［J］. Review of Radical Political Economics, 2004, 1 (36): 82-110.

［19］ Emunds B. Kanneine Starke Finanzak Kumulation Die Realwirtschaf Tliche

Entwick Lung Biremes and Destabilkiisieren [M]. Hengsbachm, Fridehelm and Berhard Emunds, 1997.

[20] Engelbert Stockhammer. Financialization and the Slowdown of Accumulation [J]. Cambridge Journal of Economics, 2004, (28): 719-741.

[21] Engelen E. The Logic of Funding European Pension Restructuring and the Dangers of Financialization [J]. Environment and Planning A, 2003, 35 (8): 1357-1372.

[22] Epstein G, Crotty J. How Big is too Big? On the Social Efficiency of the Financial Sector in the United States [R]. PER Working Paper, 2013: 313.

[23] Epstein G. Financialization and the World Economy [M]. Edward Elgar: Aldershot, 2005.

[24] Firat Demir. The Rise of Rentier Capitalism and the Financialization of Real Sectors in Developing Countries [J]. Review of Radical Political Economics. 2007: 351-359.

[25] Fisher I. The Debt Deflation Theory of Great Depression [J]. Econometrician, 1933, 1 (4): 337-357.

[26] Frat Dimir. Financial Liberalization Private Investment and Portfolio Choice: Financialization of Real Sectors in Emerging Markets [J]. Journal of Development Economics, 2009 (88): 314-324.

[27] Green C. Flow of Funds: Implications for Research on Financial Sector Development and the Real Economy [J]. Journal of International Develoment, 2003, 15 (8): 1015-1036.

[28] Greta R. Krippner. The Financialization of the American Economy [J]. Socio- Economic Review, 2005, 5 (3): 173-208.

[29] Hall B. The Financing of Innovation [R]. Blackwell Handbook of Technology & Innovation Management, 2005.

[30] Hall B. The Financing of Research and Development [J]. Oxford Review

of Economic Policy, 2002 (18): 35-51.

［31］Hamilton J D. A New Approach to the Economic Analysis of Non-Stationary Time Series and the Business Cycle ［J］. Econometrica, 1989, 57 (2): 357-384.

［32］Hansen B E. Inference when a Nuisance Parameter is not Indentified under the Null Hypothesis ［J］. Econometrica, 1996, 64 (2): 413-430.

［33］Hansen B E. Sample Splitting and Threshold Estimation ［J］. Econometrica, 2000, 68 (3): 575-603.

［34］Hansen B E. Threshold Effects in Non-dynamic Panels: Estimation, Testing, and Inference ［J］. Journal of Econometrics, 1999, 93 (2): 345-368.

［35］Harris R D F. Stock Market and Development: A Reassessment ［J］. European Economic Review, 1997, 41 (6): 139-146.

［36］Harvey D. A Brief History of Neoliberalism ［M］. Oxford University Press, 2005.

［37］Jermann U. Asset Pricing in Production Economics ［J］. Journal of Monetary Economics, 1998, 41: 257-275.

［38］Julie Froud, Colin Haslam, Sukhdev Johal, Karel Williams. Shareholder Value and Financialization: Consultancy Promises, Management Moves ［J］. Economy and Society, 2000, 2 (29): 80-110.

［39］King G, Levine R. Finance and Growth: Schumpeter Might be Right ［J］. Quarterly Journal of Economics, 1993, 108 (3): 717-737.

［40］Koivu T. Has the Chinese Economy Become more Sensitive to Interest Rates? Studying Credit Demand in China ［J］. China Economic Review, 2009, 20 (3): 455-470.

［41］Krippner, Greta R. Capitalizing on Crisis ［M］. Harvard University Press, 2011.

［42］Krippner, Greta R. The Financialization of the American Economy ［J］. Socio-Economic Review, 2005, 3 (2): 173-208.

［43］Krugmanl P. A Model of Balance of Payment Crises ［J］. Journal of Money, Credit and Banking, 1979, 11 （3）: 311-325.

［44］Lazonick W, O'sullivan M. Maximizing Shareholder Value: A New Ideology for Corporate Govvernance ［J］. Economy and Society, 2000, 29 （1）: 13-35.

［45］Lazonick. The Financialization of the US Corporation: What has been Lost, and how It Can be Regained ［J］. Seattle University Law Review, 2012 （36）: 857-909.

［46］Leahy J V, White T M. The Effect of Uncertainty on Investment: Some Stylized Facts ［J］. Journal of Money, Credit and Banking, 1996, 28 （1）: 64-83.

［47］Levine R, Zervos S. Stock Market Development and Long-run Growth ［J］. World Bank Economic Review, 1996, 10 （2）: 323-339.

［48］Mc Kinnon R, Pill H. Credit Liberalizations and International Capital Flows: The over Borrowing Syndrome ［M］//I Takatoshi, O Anne. Krueger Editors. Financial Regulation and Integration in East Asia, Chicago: University of Chicago Press, 1996.

［49］Michael Webber. Finance and the Real Economy: Theoretical Implications of the Financial Crisis in Asia ［J］. Geoforum, 2001, 32 （2）: 1-13.

［50］Minsky H. The Financial Instability Hypothesis: Capitalist Process and the Behavior of the Economy ［M］//Kingdleberger P, Laffargue P. Financial Crises: Theory, History and Policy, Cambridge University Press, 1982.

［51］Obstfeld M. Models of Currency Crisis with Self-fulfilling Features ［J］. European Economic Review, 1996, 40 （8）: 1037-1048.

［52］Onaran Ö E, Stockhammer, Grafl L. Financialization, Income Distribution and Aggregate Demand in the USA ［J］. Cambridge Journal of Economics, 2011, 35 （4）: 637-661.

［53］Orhangazi, Özgür. Financialisation and Capital Accumulation in the Non-financial Corporate Sector: A Theoretical and Empirical Investigation on the US Economy: 1973—2003 [J]. Cambridge Journal of Economics, 2008, 32: 863-886.

[54] Orhangazi. Financialization of the US Economy and its Effects on Capital Accumulation: A Theoretical and Empiral Investigation. Scholarworks [J]. University of Massachusetts Amherst, 2006: 4-11.

[55] Orhangazi. Financialization: What It is and Why It Matters [R]. The Levy Economics Institute Working Paper: No. 525, 2007.

[56] Rajan G, Zingales L. Financial Dependence and Growth [J]. American Economic Reviews, 1998, 88 (3): 559-586.

[57] Sachs I. From Poverty Trap to Inclusive Development in LDCs [R]. Economic and Political Weekly, 2004, 5.

[58] Seo H J, Kim H S, Kim Y C. Financialization and the Slowdown in Korean Firms R& D Investment [J]. Asian Economic Papers, 2012, 11 (3): 35-49.

[59] Shin H Y. Financialization and Stagnant Corporate Investment in Korea since the Asian Financial Crisis [R]. Working Paper, 2012.

[60] Steven Radelet, Jeffrey Sachs. The East Asian Financial Crisis: Diagnosis, Remedies, Prospects [J]. Brookings Papers on Economic Activity, 1998 (1): 1-90.

[61] Stockhammer E. Financialisation and the Slowdown of Accumulation [J]. Cambridge Journal of Economics, 2004, 28: 719-741.

[62] Stockhammer E. Shareholder Value Orientation and the Investment-profit Puzzle [J]. Journal of Post Keynsian Economics, 2006, 28: 193-215.

[63] Tobin J. On the Efficiency of the Financial System [J]. Lloyds bank Review, 1984, 153: 1-15.

[64] 巴曙松, 刘孝红, 潘坤. 转型时期中国金融体系中的地方政府治理与银行改革的互动研究 [J]. 金融研究, 2005 (5): 25-36.

[65] 包群, 阳佳余. 金融发展影响了中国工业制成品出口的比较优势吗 [J]. 世界经济, 2008 (3): 21-33.

[66] 北京大学经济研究中心宏观组. 金融不是虚拟经济 [J]. 经济社会体

制比较, 2002 (1): 33-39.

[67] 彼得·德鲁克. 管理的前沿 [M]. 北京: 企业管理出版社, 1988: 38.

[68] 毕克新, 杨朝均, 艾明晔. 外部技术获取对中国制造业技术创新的影响研究——基于创新投入产出的视角 [J]. 工业技术经济, 2012 (11): 55-61.

[69] 蔡隽. 中国信贷配置中的政府因素分析 [J]. 金融与经济, 2007 (11): 57-59.

[70] 蔡庆丰, 宋友勇. 金融中介的利益冲突、自我膨胀与经济增长: 实证研究与理论反思 [J]. 金融评论, 2009 (1): 99-108.

[71] 曹源芳. 我国实体经济与虚拟经济的背离关系——基于 1998-2008 年数据的实证研究 [J]. 经济社会体制比较, 2008 (6): 57-62.

[72] 陈东. 中国混合所有制经济效率提升与金融发展"阈值效应"——基于中国省际面板数据的实证分析 [J]. 山西财经大学学报, 2015 (2): 35-47.

[73] 陈丰. 金融危机下中国货币政策是否陷入流动性陷阱——基于货币政策非对称性的实证研究 [J]. 经济学动态, 2010 (5): 58-64.

[74] 陈淮. 关于虚拟经济的若干断想 [J]. 金融研究, 2000 (2): 37-43.

[75] 陈继勇, 袁威, 肖卫国. 流动性、资产价格波动的隐含信息和货币政策选择——基于中国股票市场与房地产市场的实证分析 [J]. 经济研究, 2013 (11): 43-55.

[76] 陈文玲. 论社会化大流通 [J]. 财贸经济, 1998 (2): 28-32.

[77] 陈勇, 唐朱昌. 中国工业的技术选择与技术进步: 1985-2003 [J]. 经济研究, 2006, 9: 50-61.

[78] 陈湛匀. 由"流动性陷阱"看中国利率杠杆的运用 [J]. 经济研究, 2001 (2): 38-42.

[79] 成思危. 虚拟经济探微 [J]. 南开学报 (哲学社会科学版), 2003 (2): 23-28.

[80] 成思危. 虚拟经济与金融危机 [J]. 管理科学学报, 1999, 2 (1): 1-6.

[81] 杜厚文, 伞锋. 虚拟经济与实体经济关系中的几个问题 [J]. 世界经

济，2003（7）：74-79.

［82］范立夫，张捷．货币增速剪刀差与 CPI 相关性的实证研究［J］．财经问题研究，2011（6）：57-62.

［83］方明月．资产专用性，融资能力与企业并购——来自中国 A 股工业上市公司的经验证据［J］．金融研究，2011（5）：1556-170.

［84］甘维．中国虚拟经济核算现状及发展动态浅议［J］．东方企业文化，2010（7）：88.

［85］戈德史密斯．金融结构与金融发展［M］．上海：上海三联书店，1990.

［86］龚关，胡关亮．中国制造业资源配置与全要素生产率［J］．经济研究，2013（4）：4-15.

［87］胡振良．跨国集团在经济金融化中的作用［J］．国外理论动态，1999（8）：12-15.

［88］贾俊雪．税收激励、企业有效平均税率与企业进入［J］．经济研究，2014（7）：94-109.

［89］姜琰．虚拟经济与金融危机的爆发［J］．商业研究，2003（3）：22-24.

［90］解维敏，方红星．金融发展、融资约束与企业研发投入［J］．金融研究，2011（5）：171-183.

［91］鞠晓生，卢荻，虞义华．融资约束，营运资本管理与企业创新持续性［J］．经济研究，2013（1）：4-16.

［92］兰日旭，张永强．历次经济危机中实体经济与虚拟经济关系的量化分析［J］．2011（3）：15-22.

［93］李宝伟，梁志欣，程晶蓉．虚拟经济的界定及其理论构架［J］．南开经济研究，2002（5）：27-30，39.

［94］李国疆．全球金融危机与凯恩斯主义［J］．经济问题探索，2011（6）：22-24，58.

［95］李青原，赵奇伟，李江冰，江春．外商直接投资、金融发展与地区资本

配置效率——来自升级工业行业数据的证据［J］．金融研究，2010（3）：80-97.

［96］李晓西，余明．货币政策传导机制与国民经济活力［J］．金融研究，2000（7）：1-9.

［97］李晓西，杨琳．虚拟经济、泡沫经济与实体经济［J］．财贸经济，2000（6）：5-11.

［98］李扬．中国经济发展的新阶段［J］．财贸经济，2013（11）：5-12.

［99］林毅夫，孙希芳．信息、非正规金融与中小企业融资［J］．经济研究，2005（7）：35-44.

［100］刘秉镰，武鹏，刘玉海．交通基础设施与中国全要素生产率增长——基于省域数据的空间面板计量分析［J］．中国工业经济，2010（3）：54-64.

［101］刘超，张慧敏．货币增速剪刀差与股票价格波动的相关性实证研究——基于结构突变视角［J］．天津大学学报（社会科学版），2015（3）：232-238.

［102］刘东．论虚拟经济与实体经济的关系［J］．理论前沿，2003（1）：19-20.

［103］刘海影．中国经济未来不确定性的主要来源［J］．中国对外贸易，2013（12）：55.

［104］刘金全，张营．中国名义利率调整机制与货币政策"流动性陷阱"检验［J］．河北经贸大学学报，2009（2）：63-66.

［105］刘金全．货币政策作用的有效性和非对称性研究［J］．管理世界，2002（3）：43-59.

［106］刘金全．虚拟经济与实体经济之间关联性的计量检验［J］．中国社会科学，2004（4）：80-90，207.

［107］刘骏民，伍超明．虚拟经济与实体经济关系模型——对中国当前股市与实体经济关系的一种解释［J］．经济研究，2004（4）：60-69.

［108］刘骏民．从虚拟资本到虚拟经济［M］．济南：山东人民出版社，1998.

［109］刘骏民．稳定虚拟经济系统是关键［N］．人民日报（理论版），2003-04-01.

[110] 刘骏民. 虚拟经济的经济学 [J]. 开放导报, 2008 (6).

[111] 刘骏民. 虚拟经济的理论框架及其命题 [J]. 南开学报 (哲学社会科学版), 2003 (2).

[112] 刘珺, 盛宏清, 马岩. 企业部门参与影子银行业务机制及社会福利损失模型分析 [J]. 金融研究, 2014 (5): 96-109.

[113] 刘立. 企业 R&D 投入的影响因素: 基于资源观的理论分析 [J]. 中国科技论坛, 2003 (6): 75-78.

[114] 刘文革, 周文召, 仲深, 李峰. 金融发展中的政府干预、资本化进程与经济增长质量 [J]. 经济学家, 2014 (3): 64-73.

[115] 刘霞辉. 论实体经济与虚拟经济的关系 [J]. 世界经济, 2004 (1): 37-43.

[116] 刘洋. 虚拟经济与实体经济背离对现代金融危机的影响研究 [J]. 经济问题, 2015 (1): 23-26, 88.

[117] 卢卡斯·门科霍夫等. 金融市场的变迁——金融部门与实体经济分离了吗? [M]. 北京: 中国人民大学出版社, 2005.

[118] 卢馨, 郑阳飞, 李建明. 融资约束对企业 R&D 投资的影响研究——来自中国高新技术上市公司的经验证据. 会计研究, 2013 (5): 51-58.

[119] 卢颖, 白钦先. 中国金融资源地区分布中的政府权力影响 [J]. 2009 (4): 40-48.

[120] 鲁道夫·希法亭. 金融资本 [M]. 北京: 商务印书馆, 1999: 253.

[121] 鲁桐, 党印. 公司治理与技术创新: 分行业比较 [J]. 经济研究, 2014 (6): 115-128.

[122] 吕劲松. 关于中小企业融资难、融资贵问题的思考 [J]. 金融研究, 2005 (11): 115-123.

[123] 马拴友. 税收优惠与投资的实证分析——兼论促进中国投资的税收政策选择 [J]. 税务研究, 2001 (10).

[124] 毛德凤, 彭飞, 刘华. 税收激励对企业投资增长与投资结构偏向的影

响［J］.经济学动态，2016（7）.

［125］孟飞.论金融投资与实体投资阶段性关系［J］.合作经济与科技，2007，21.

［126］秦晓.金融业的"异化"和金融市场中的"虚拟经济"［J］.改革，2000（1）.

［127］邱杨茜，陈颖，余军.当前中国金融体系与实体经济运行的问题与对策研究［J］.经济学动态，2012（8）：57-62.

［128］任碧云.改革开放后中国历次 M2 和 M1 增速剪刀差逆向扩大现象分析［J］.财贸经济，2010（1）：23-28.

［129］三木谷良一.日本泡沫经济的产生、崩溃与金融改革［J］.金融研究，1998（6）：2-5.

［130］宋建波，高升好，关馨娇.机构投资者持股能提高上市公司盈余持续性吗？——基于中国 A 股上市公司的经验证据［J］.中国软科学，2012（2）：128-138.

［131］宋军，陆旸.非货币金融资产和经营收益率的 U 形关系——来自中国上市非金融公司的金融化证据［J］.金融研究，2015（6）：111-127.

［132］陶玲，朱迎.系统性金融风险的监测和度量——基于中国金融体系的研究［J］.金融研究，2016（6）：18-36.

［133］王爱俭.关于虚拟经济的几个重要问题的再讨论［J］.现代财经，2008（2）.

［134］王国刚.关于虚拟经济的几个问题［J］.东南学术，2004（1）.

［135］王国刚.新常态下的金融风险防范机制［J］.金融研究，2015（2）：16-22.

［136］王国忠，王群勇.经济虚拟化与虚拟经济的独立性特征研究——虚拟经济与实体经济关系的动态化过程［J］.当代财经，2005（3）.

［137］王千.虚拟经济与实体经济的非对称影响［J］.开放导报，2007（4）.

［138］王鑫.中国区域金融资源配置效率比较与评价［J］.统计与决策，

2014（23）：173-175.

［139］韦晓乐．制造业金融化与技术创新［D］．重庆：西南大学，2015.

［140］文春晖，任国良．虚拟经济与实体经济分离发展研究——来自中国上市公司 2006-2013 年的证据［J］．中国工业经济，2015（12）：115-129.

［141］伍超明．货币流通速度的再认识［J］．经济研究，2004（9）：36-47.

［142］伍超明．虚拟经济与实体经济关系模型——对经常性背离关系的论证［J］．上海经济研究，2003（12）．

［143］伍超明．虚拟经济与实体经济关系研究——基于货币循环流模型的分析［J］．财经研究，2004（8）．

［144］向松祚．金融资本主义和贫富分化［J］．博鳌观察，2014（4）．

［145］肖德云，胡树华，戴勇．中国制造业自主创新能力综合评价［J］．管理学报，2010，7（7）：1008-1014.

［146］谢家智，王文涛，江源．制造业金融化、政府控制与技术创新［J］．经济学动态，2014（11）：78-88.

［147］谢平．国有商业银行改革三十年［J］．今日财富（金融版），2008（10）：9-12.

［148］许涤龙，陈双莲．基于金融压力指数的系统性金融风险测度研究［J］．经济学动态，2015（4）：69-78.

［149］阳小晓，包群，赖明勇．银行发展与经济增长：基于动态两部门模型研究［J］．财经研究，2004（11）：42-51.

［150］杨琳．从几次金融危机看虚拟经济与实体经济关系［J］．中国金融，2009（5）：57-59.

［151］杨新房，任丽君，李红芹．外国直接投资对国内资本"挤出"效应的实证研究——从资本形成角度看 FDI 对中国经济增长的影响［J］．国际贸易问题，2006（9）：74-78.

［152］曾康霖．试论中国金融资源的配置［J］．金融研究，2005（4）：12-15.

［153］曾康霖．虚拟经济：人类经济活动的新领域［J］．当代经济科学，

2003（1）.

[154] 曾五一，赵楠. 中国区域资本配置效率及区域资本形成影响因素的实证分析［J］. 数量经济技术经济研究，2007（4）：35-42.

[155] 张成思，张步昙. 中国实业投资下降之谜：经济金融视角［J］. 经济研究，2016（12）：32-46.

[156] 张凡，刘梦琴. 欧债危机与欧洲实体经济发展水平之间的关系——理论分析与面板模型检验［J］. 现代管理科学，2013（3）：25-27，100.

[157] 张军易，文斐，丁丹. 中国的金融改革是否缓解了企业的融资约束？［J］. 中国金融评论，2008（1）：321-347.

[158] 张敏，王成方，姜付秀. 中国的机构投资者具有治理效应吗？——基于贷款软约束视角的实证分析［J］. 经济管理，2011（4）：16-23.

[159] 张庆君，苏明政等. 市场化能提高金融资源配置效率吗？［J］. 会计与经济研究，2014（3）：92-103.

[160] 张晓晶. 符号经济与实体经济——金融全球化时代的经济分析［M］. 上海：上海三联书店、上海人民出版社，2002：5.

[161] 张亦春，王国强. 金融发展与实体经济增长非均衡关系研究——基于双门槛回归实证分析［J］. 当代财经，2015，6：45-54.

[162] 张兆国，曾牧，刘永丽. 政治关系、债务融资与企业投资行为——来自中国上市公司的经验证据［J］. 中国软科学. 2011（5）：106-121.

[163] 张宗新，吕日. 试析虚拟经济认识上的五个误区［J］. 中国人民大学学报，2001（2）.

[164] 赵建，王静娴. 过度金融化、全球金融危机与中国金融治理体系的现代化［J］. 经济研究参考，2022（2）：53-71.

[165] 赵昕东，陈飞，高铁梅. 中国货币政策工具变量效应的实证分析［J］. 数量经济技术经济研究，2002（7）：103-106.

[166] 赵勇，雷达. 金融发展与经济增长：生产率促进抑或资本形成［J］. 世界经济，2010，2：37-50.

［167］中国人民银行福州中心支行课题组. 金融和实体经济失衡问题研究：基于宏观资本回报率的视角［J］. 上海金融, 2019, 8：14-25, 30.

［168］钟伟. 对"虚拟经济"的一些反思［J］. 当代经济研究, 2001（5）：15-18, 45.

［169］周建军, 鞠方. 房地产泡沫的虚拟经济决定论及其实证检验［J］. 财贸研究, 2008（3）：1-7.